© L'Harmattan, 2012
5-7, rue de l'Ecole polytechnique, 75005 Paris

http://www.librairieharmattan.com
diffusion.harmattan@wanadoo.fr
harmattan1@wanadoo.fr

ISBN : 978-2-336-00428-0
EAN : 9782336004280

# LA FONCTION DE DIRECTION
# EN INSTITUTION SOCIALE
# ET MEDICO-SOCIALE

« Diriger : c'est du jeu ? »

# Travail du Social
*Collection dirigée par Alain Vilbrod*

La collection s'adresse aux différents professionnels de l'action sociale mais aussi aux chercheurs, aux enseignants et aux étudiants souhaitant disposer d'analyses pluralistes approfondies à l'heure où les interventions se démultiplient, où les pratiques se diversifient en écho aux recompositions du travail social.

Qu'ils émanent de chercheurs ou de travailleurs sociaux relevant le défi de l'écriture, les ouvrages retenus sont rigoureux sans être abscons et bien informés sur les pratiques sans être jargonnants.

Tous prennent clairement appui sur les sciences sociales et, dépassant les clivages entre les disciplines, se veulent être de précieux outils de réflexion pour une approche renouvelée de la question sociale et, corrélativement, pour des pratiques mieux adaptées aux enjeux contemporains.

### Dernières parutions

Marc CHEVALIER, *Les disciplines artistiques au service de la formation des adultes. 33 années d'expériences pratiques (1962-1995)*, 2012.

Bernadette ANGLERAUD, *Lyon et ses pauvres*, 2011.

David Saint-Marc, *La formation des médecins*, 2011.

Dominique ALUNNI, *Témoignages de pionniers visionnaires de la formation tout au long de la vie*, 2011.

Jean-Frédéric DUMONT, *Les moniteurs éducateurs en formation, Le partage professionnel des émotions*, 2011.

Catherine DEROUTTE, *Aux côtés des personnes polyhandicapées. Guide pratique*, 2011

Christian MAUREL, *Education populaire et puissance d'agir*, 2010,

Alain VILBROD, *Le métier d'éducateur spécialisé à la croisée des chemins*, 2010.

Josette MAGNE, *Quelle place pour les filles en prévention spécialisée ? Etude auprès de deux équipes de prévention spécialisée en Seine-Saint-Denis*, 2010.

Michel CHAUVIERE, *Enfance inadaptée : l'héritage de Vichy*, 2009.

Alain ROQUEJOFFRE, *Une « communauté » asiatique en France. Le rôle des travailleurs sociaux dans l'acculturation*, 2008.

Jacques QUEUDET, *Educateur spécialisé : un métier entre ambition et repli*, 2008.

Fathi Ben MRAD, Hervé MARCHAL et Jean-Marc STEBE (sous la dir.) *Penser la médiation*, 2008

Roland JANVIER

# LA FONCTION DE DIRECTION EN INSTITUTION SOCIALE ET MEDICO-SOCIALE

« Diriger : c'est du jeu ? »

Postface de Patrick MARTIN

L'Harmattan

**Du même auteur :**

- *Ethique de direction dans les institutions sociales et médico-sociales*, ESF, 2011.
- *Comprendre la participation des usagers dans les organisations sociales et médico-sociales* – Co-auteur : Yves MATHO, Dunod, 2011.
- *Conduire l'amélioration de la qualité en action sociale*, Dunod, 2009.

# Préambule

Ce livre est la transformation, au fil des ans, du support d'un cours donné aux « apprentis directeurs » sur la « fonction de direction ». Les thèmes qu'il développe se sont progressivement affinés au contact des promotions rencontrées.

C'est grâce à ces débats conduits avec les stagiaires que le projet de cet ouvrage s'est bâti, notamment pour répondre à leur demande de disposer d'un recueil synthétique de toutes les idées avancées dans le vif des échanges, toujours constructifs.

Que soient ici chaleureusement remerciés les directeurs en formation qui sont les acteurs invisibles de ce travail qui n'est qu'une tentative d'élaboration d'un « métier ».

# Introduction

**« C'est pas du jeu ! »**

Dans nos souvenirs d'enfance, nous avons tous en tête cette expression de révolte de celui qui voulait sortir du jeu. À cet âge, c'était simple : quand la partie ne se déroulait pas comme prévu, il suffisait de dire « c'est pas du jeu ! » pour que chacun quitte son rôle et revienne à sa place. Celle-ci se définissait par un accord tacite distribuant des fonctions : « on aurait dit que j'étais... », « on dirait que tu es... ». Le jeu se déroulait, entreprise sérieuse s'il en est, où chaque petit d'homme fait l'expérience du rapport à l'autre, aux autres.

Aujourd'hui, nous sommes devenus adultes, appelés à assumer, ou assumant déjà, des responsabilités, voire même à prendre la responsabilité d'autres personnes. On ne dirait plus que nous sommes, nous sommes « pour de vrai ». « Plus question de jouer » disent les hiérarques. Les fonctions dirigeantes, dont il sera question tout au long de ces pages, sont, disent-ils, des fonctions sérieuses. Ces affirmations oublient un peu vite à quel point les jeux des enfants sont aussi chose importante, à prendre au sérieux. Il n'y a que les adultes à croire que le jeu est une rigolade !

Le jeu, c'est une répartition des places, des rôles, des fonctions, dans une organisation où chacun est convoqué à occuper sa place. Le jeu, c'est le mouvement qui est rendu possible par ces différenciations des places. S'il n'y a que du « même », il n'y a plus de dynamique possible. En ce sens, diriger un établissement ou un service social ou médico-social, c'est prendre place dans le jeu des rôles qui permet le fonctionnement du système. C'est une aventure intrinsèquement humaine avec ses codes, ses repères.

Le jeu, c'est l'espace qui, dans toute organisation (depuis le moteur à explosion jusqu'à une institution d'action sociale), permet le mouvement. Quand tout est « serré », on ne peut plus bouger. Le jeu c'est donc aussi ces interstices qui permettent l'échange, ces entre-deux qui favorisent la circulation (imaginez un instant une ville sans avenues pour séparer les immeubles !). Diriger un établissement ou un service social ou médico-social, c'est aménager ces lieux intermédiaires qui permettent au système de fonctionner. C'est « donner de l'air ».

Le jeu, c'est un espace-temps de plaisir. Toute activité humaine suppose, au moins en partie, cette dimension du plaisir. Avoir de la satisfaction à faire ce que l'on fait. La fonction de direction n'échappe pas à cette règle. Pour assumer pleinement cette fonction, pour endosser le costume, il faut y prendre du plaisir. C'est une condition de durabilité dans le métier !

Sous ces différents aspects, diriger, c'est du jeu.

### « Jouer », « joué » ou « jouet » ?

Si nous acceptons l'idée que diriger « c'est du jeu », il faut s'interroger : Est-ce un amusement ? Tout est-il vraiment joué d'avance ? La fonction de direction est-elle un jouet ?

Diriger n'est pas un simple amusement. Les enjeux qu'assume le dirigeant sont trop importants pour être traités comme une distraction. Pour les personnes bénéficiaires de l'action d'abord : c'est leur vie qui est concernée, et souvent sous un jour dramatique, faite de souffrances et de graves difficultés. Pour l'action elle-même : le travail « sur le social » englobe des questions de société essentielles concernant le devenir de ce que nous voulons vivre tous ensemble. Pour les salariés des organisations à diriger : s'engager professionnellement dans l'action sociale est un pari risqué parce que ce n'est pas une simple question de métier, tout l'individu se trouve pris dans l'action avec sa vie, ses affects, ses ressentis. Cet engagement est la condition même de la réussite du travail. Parce que l'action sociale touche aux difficultés concrètes d'hommes, de femmes et d'enfants, parce qu'elle porte sur des questions de société, parce que les salariés qui y interviennent y investissent un peu plus qu'un simple positionnement professionnel, assumer la fonction de direction d'une organisation d'action sociale est un acte engageant. Selon cette acception précise, et sans être en contradiction avec ce qui précède, nous pouvons dire que diriger n'est pas « jouer ».

Diriger n'est pas « joué » non plus en ce sens que rien n'est réglé d'avance dans la manière de diriger un établissement ou un service social ou médico-social. Aucune prévisibilité n'est de mise dans cette fonction, les incertitudes du système sont trop grandes : imprévisibilité des évolutions des questions sociales, variabilité des choix politiques en matière d'intervention sociale, absence de lien de causalité linéaire entre les actions et leurs effets, impossibilité de prédire la mutation des besoins sociaux… Prendre le risque de diriger une organisation du travail social, c'est accepter d'entrer dans une partie dont nul ne connaît les tenants et les aboutissants, dont chacun ignore les aléas de son déroulement, et surtout dont le terme reste caché jusqu'au dernier moment.

La fonction de direction n'est pas un « jouet ». C'est-à-dire qu'on ne peut l'utiliser comme un simple « objet transitionnel ». À l'image du jouet qui comble un manque pour l'enfant, la fonction de direction ne peut être utilisée par celui qui l'occupe pour résoudre un problème personnel. En soit, le métier de directeur apporte suffisamment de tracas pour qu'il soit indispensable de ne pas y ajouter les difficultés individuelles du dirigeant. La personne qui prend le fauteuil de direction pour tenter de solutionner des soucis personnels (rapport à soi ou aux autres, au pouvoir, besoin narcissique…) s'expose à ajouter des problèmes à ses difficultés.

Diriger revêt des aspects divertissants, plaisants, voire amusants qui renouvellent chaque jour l'intérêt de cette fonction. Le directeur ne peut s'approprier à lui seul la fonction de direction qui est enchâssée dans une problématique collective de nature systémique. Le directeur – et sa fonction – est un élément du système institutionnel. Cela implique une posture déontologique qui interdit de « jouer » de la fonction, pour soi et pour les autres. En ce sens, et sans faire un jeu de mot facile, diriger c'est aussi du

« Je ». C'est-à-dire, un engagement qui me lie aux autres dans une relation de respect, sans défausse.

## Impossible de se dérober !

La règle du jeu de dames déclare : « Lorsqu'un pion se trouve en présence, diagonalement, d'une pièce adverse derrière laquelle se trouve une case libre, il doit obligatoirement sauter par-dessus cette pièce et occuper la case libre. Cette pièce adverse est alors enlevée du damier.[1] » Le joueur mis en demeure de prendre les responsabilités de sa position (le fait d'être en mesure de sauter et de prendre un pion à l'adversaire) ne peut se dérober, il doit assumer l'opportunité offerte par le jeu quelles qu'en soient les conséquences. Jusqu'en 1911 existait dans le jeu de dames la règle du « souffler n'est pas jouer ». Le joueur qui préférait se dérober à son obligation de prendre le pion adverse se voyait confisquer, par son adversaire, le pion qui aurait dû effectuer la prise. L'adversaire déclarait alors « souffler n'est pas jouer ».

Cette position du joueur de dames est assimilable à celle du directeur d'une organisation d'action sociale. La posture de direction interdit toute dérobade, tout traitement des questions par la tangente, toute tentative de diversion. Cette posture particulière du directeur d'un établissement ou d'un service social ou médico-social apparaît, à certains égards, comme tout à fait originale.

Dans les activités relevant de l'économie marchande, la fuite en avant peut représenter une façon de « souffler », de refuser les défis. Le développement effréné, la recherche d'un profit immédiat quel qu'en soit le coût, la délocalisation à tout va, la croissance irresponsable de la productivité… sont autant d'attitudes qui peuvent être interprétées comme des dérobades : refus de répondre aux questions de l'ici et maintenant, non prise en compte des conditions de fonctionnement réelles de l'entreprise, reports en

---

1. § .4.2. de l'article 4 du règlement officiel du jeu de dames de la Fédération Mondiale du Jeu de Dames.

d'autres temps des questions que posent les principes d'un développement durable, reports en d'autres lieux des relations de travail, mobilisation sur des enjeux qui mettent à mal la qualité de vie de l'organisation et de ses acteurs...

Dans les activités administrées, le recours tatillon à la procédure peut également constituer une manière de ne pas jouer, de faire faux bond à sa responsabilité éthique personnelle et collective. Par « activités administrées », nous pouvons entendre les organismes fortement soumis à des normes de droit pour lesquels le respect de la procédure est central. Certains penseront aux administrations relevant de la fonction publique ou parapublique. D'autres, plus avertis, comprendront dans cette catégorie les organisations soumises à des règles particulières, telles les organisations accréditées ou certifiées dans lesquelles le manuel qualité a pris toute la place. Le strict respect du protocole est devenu incontournable. L'individu doit se conformer au process, dans l'ordre prescrit et sans dérogation concevable. Impossible alors de répondre aux imprévus. Toute situation inédite doit trouver le moyen d'être traitée dans le cadre de la procédure la plus approchante à défaut d'être la plus adaptée. Cette manière de rationaliser à l'extrême les modes d'organisation peut représenter une façon de se soustraire à l'implication personnelle des sujets dans les actes qui sont posés.

La fonction de direction d'une activité relevant de l'action sociale ne procède pas des logiques de l'économie marchande parce qu'elle n'en partage pas les finalités : l'action sociale est une activité de projet, l'activité économique repose sur le profit. Les deux sont productrices de plus-value mais l'une est plutôt de nature sociale, l'autre plutôt de nature lucrative (sachant que ces deux tendances ne s'excluent pas l'une l'autre et ne sont pas irrémédiablement contradictoires). La fonction de direction d'une activité sociale ne relève pas non plus des logiques administrées parce qu'elle ne peut en partager les méthodologies : l'action sociale doit s'adapter au singulier (singularité des problématiques, singularité des personnes concernées, singularité de la relation d'aide, toujours intersubjective) l'activité administrée doit correspondre à des normes standardisées, elles aussi productrices d'effets. Mais le travail social va s'intéresser à l'individuel alors que l'activité administrée va s'adresser aux catégories. La fonction de direction d'une organisation d'action sociale présente donc des caractéristiques spécifiques qui impliquent une dimension particulière de la responsabilité. Il s'agirait plutôt d'une responsabilité fondée sur l'engagement personnel et collectif. C'est cette conception de l'engagement qui fait dire qu'il est plus difficile au directeur d'un établissement ou service social ou médico-social de se dérober, de faire « souffler n'est pas jouer ». À chaque instant, ses collègues, les usagers, les gestionnaires le mettent au défi d'occuper pleinement sa fonction. À chaque instant, les décideurs politiques, la société dans son ensemble, mettent l'organisation d'intervention sociale au défi de tenir ses promesses d'utilité sociale, de répondre à sa mission d'intérêt général.

**Vous avez dit compétences...**

Les compétences requises pour diriger un établissement ou service social et médico-social se sont beaucoup précisées ces dernières décennies. Partant d'une situation où la bonne volonté – voire le militantisme ou le charisme – suffisait pour diriger une structure d'intervention sociale, nous parvenons à une législation qui précise les niveaux de qualification requis. La loi rénovant l'action sociale et médico-sociale a fixé que « *Ces établissements et services sont dirigés par des professionnels dont le niveau de qualification est fixé par décret...* » (Article L.312-1 du Code de l'Action Sociale et des Familles). C'est le décret du 19 février 2007[2] qui fixe les qualifications requises permettant d'assumer la direction d'un établissement ou d'un service. Bien que le texte fixe la norme au

---

2. Décret n° 2007-221 du 19 février 2007 pris en application du II de l'article L. 312-1 du code de l'action sociale et des familles relatif aux modalités de délégation et au niveau de qualification des professionnels chargés de la direction d'un ou plusieurs établissements ou services sociaux ou médico-sociaux – JO du 21/02/2007

niveau d'une qualification de niveau 2, cet ouvrage prendra pour référence le profil de compétences établi pour le Certificat d'Aptitude à la Fonction de Direction d'Etablissement Social (CAFDES).

Le référentiel de compétences CAFDES situe quatre plans : Le premier, pivot de la fonction de direction, concerne l'élaboration et la conduite du projet ; Le second, le management et la gestion des ressources humaines, viennent ensuite la gestion économique, financière et logistique, puis l'expertise de l'intervention sanitaire et sociale sur un territoire. Ces quatre plans, agencés différemment, inspirent les chapitres qui suivent.

Conduire une intervention sociale, c'est mettre en œuvre une politique publique dans un contexte de complexité qui mobilise dans le même mouvement une action territoriale selon des logiques de réseaux, avec, pour fond de tableau, des pratiques contractuelles. Sous ces aspects, le chapitre premier évoquera des questionnements éthiques, stratégiques, techniques, politiques et tactiques.

Pourquoi l'éthique ? Parce que, dans la fonction de direction, tout n'est pas réglé, la complexité des enjeux renvoie à un positionnement éthique avant d'être une simple question de capacités. À partir de cette piste, l'ensemble de l'ouvrage tirera un fil rouge qui pourrait se résumer en une « dynamique des tensions » qui permet de retrouver toutes les vertus du compromis en lieu et place de l'illusion stérile du consensus. Cette posture, qui mènera plus loin à défendre l'intérêt d'une culture de la conflictualité, intègre la prise en compte des niveaux de complexité qui régissent la gestion d'une organisation d'intervention sociale.

En quoi sera-t-il question de stratégie ? La stratégie sera envisagée comme l'art de saisir les opportunités des situations, dans la manière dont se bâtissent les politiques publiques et se gèrent les dispositifs d'intervention sociale. La question technique est très liée aux questions stratégiques, non comme une dimension séparée de l'intention de l'action mais comme une dimension immergée dans les réalités des territoires, pour des institutions situées dans un lieu mais également soumises à des modifications de l'espace/temps où elles évoluent. Politique et technique ne sont pas dissociables, elles participent d'un même processus d'adaptation aux mutations de l'environnement : refonte des lieux de décision, réseaux, interactions et groupements. C'est désormais le parcours de vie de l'usager qui confère une cohérence à toutes ces dimensions. La tactique, qui serait plutôt l'art de réagir sur le terrain, introduit quant à elle à la notion de contractualisation des pratiques et des liens selon un principe systémique.

Dans ce contexte, le directeur est invité à tenir une position d'expert selon au moins trois aspects déclinés dans le chapitre deux : ingénieur, acteur et auteur.

Ingénieur, le directeur conçoit des interventions sociales en articulant l'offre, le besoin et la demande, trois dimensions qui mettent en jeu les moyens institutionnels disponibles, l'analyse des situations individuelles faite par les équipes professionnelles et les revendications et attentes des usagers. Si l'ingénierie est un acte de création, toute création est œuvre collective, cela configure la fonction de direction.

Auteur, le directeur est convoqué sur sa responsabilité, sa capacité de répondre, sans pour autant parler à la place de l'autre. Le directeur est invité à tenir sa place, sans pouvoir « passer son tour ».

Acteur, le directeur s'inscrit dans une chaîne de production qui transforme une commande publique en prestations concrètes auprès de bénéficiaires. Cet angle de vue permet de situer la fonction de direction en articulation avec les autres acteurs du dispositif.

Le chapitre trois s'intéressera aux questions de management qui mobilisent avant toute chose une capacité à assumer la fonction d'autorité. Autrement dit, les dimensions de dirigeance (les modalités de fixation du cap) et de gouvernance (les modalités de navigation) ne souffrent aucune dérobade. Mais ce n'est pas sur sa capacité à être un modèle qu'est attendu le directeur. La conception du management défendue dans les pages qui suivent traite plutôt d'un souci de cohérence que d'exemplarité. Il n'est pas question de pouvoir mais d'autorité, c'est-à-dire d'être plus que d'avoir, de qualités plus que d'attributs.

Une conception démocratique de la fonction de direction repose sur une éthique de la discussion et se fonde sur la responsabilité des parties prenantes. S'il est question d'efficience, c'est pour garantir les marges de manœuvre des acteurs, non pour les limiter selon un réflexe sécuritaire qui tend à bloquer les jeux nécessaires au fonctionnement d'ensemble. La prospective, thème à la mode dans le management, vise la reconnaissance des acteurs, pas leur aliénation à un destin fixé sans eux. Cela suppose de sécuriser les postures professionnelles pour accroître la capacité d'initiative individuelle et collective, c'est cela qui donne sens à l'accompagnement des parcours professionnels comme dynamiques contributives au projet. En fait, la gestion des compétences induit un management par la connaissance qui fait le pari de l'intelligence des individus et des collectifs en mobilisant les processus adaptés. Car si l'intelligence est collective, les collectifs ne sont pas naturellement intelligents, cela donne une perspective à la mission du directeur.

Le chapitre quatre aborde la conduite de ce dispositif complexe qu'est un établissement ou un service social ou médico-social. Il y sera question de sens plus que de performance... La finalité ne vient ni « d'en haut », ni d'ailleurs, elle est un construit collectif qui émerge de la capacité du groupe à délibérer. Contrairement à certaines idées reçues, la délibération est un mode de management pertinent ! Cela suppose de prendre ses distances avec les évidences et les solutions simplistes. À l'idée qu'il n'y a toujours qu'une bonne manière de faire, il convient d'affirmer qu'il y a toujours, en management, trente-six solutions. Le directeur est un animateur qui favorise une appropriation collective du projet en associant toutes les parties prenantes (organisme gestionnaire, professionnels, usagers...), en croisant les points de vue et les dimensions verticales et horizontales de l'organisation. C'est la capacité du directeur à relier, à faire lien, qui détermine la réussite de ses missions. Il associe ainsi les plans micro et macro du fonctionnement en assumant une fonction d'interface qui relie les polarités en tension qui structurent l'organisation. C'est en validant les processus de travail, en élaborant autour des conduites et des pratiques professionnelles que le directeur agit sur les risques.

Communiquer est le titre du cinquième chapitre, un simple mot qui, pourtant, désigne une tâche dont l'ampleur est considérable. Communiquer est tout à la fois un acte fondateur, mobilisateur et révélateur. La communication médiatique n'est qu'un aspect des missions de communication interne/externe du directeur. Sa place délicate mérite cependant qu'elle soit rapidement abordée. La manière dont le directeur développe la visibilité de son institution détermine la façon dont est vu l'établissement ou le service, les traces qui en seront conservées. Mais favoriser la lisibilité de l'organisation renvoie inévitablement à des problèmes d'équilibre entre secret, transparence et intimité. L'objectif, du point de vue du directeur, est de rendre compréhensibles les actions menées.

Le pilotage de la logistique institutionnelle sera traité dans le chapitre six. Il ne s'agit pas d'une question subalterne, sorte d'accessoire à la noblesse des missions politiques du directeur. Politique et technique sont constitutives l'une de l'autre. L'action sociale est d'abord affaire politique. La mise en synergie de ces deux dimensions de l'action interroge le rapport qui existe entre la fin et les moyens. En action sociale, il s'agit d'abord d'un rapport aux normes sociales. Le directeur négocie le projet d'intervention dans cette tension qui existe inévitablement entre normes et conduites.

La conduite du projet, mission première du directeur, n'apparaît volontairement qu'au septième chapitre, une fois que toutes les dimensions évoquées dans les chapitres précédents ont dressé le décor dans lequel évolue la fonction. Le projet, appuyé sur trois pieds – les valeurs, le cadre légal, les moyens –, remplit une fonction « crisique », c'est-à-dire liée à la conduite du changement selon un principe subversif qui n'est pas reproduction du passé mais invention de l'avenir. Le projet est un acte de communication car il permet de porter ensemble un dessein, de se mobiliser pour lui, de placer un point de fuite à l'horizon institutionnel, une perspective sur un itinéraire à créer.

Un ultime chapitre opérera un détour par les relations du directeur avec l'organisme gestionnaire de l'établissement ou service social ou médico-social. Un rapport apaisé suppose de clarifier les délégations de responsabilité, démarche prévue dans la législation. Mais une fois définie la répartition des tâches, faut-il encore « jouer la partition des rôles ». Pour cela, les clivages traditionnels entre professionnel et militant ou encore bénévole et salarié doivent être réformés.

Un paragraphe traitera spécifiquement de la situation du directeur quand il travaille dans une organisation importante, dotée d'une direction générale.

La conclusion reprendra deux linéaments qui auront finalement traversé l'ensemble du propos. Il s'agira en fait d'un plaidoyer pour une culture de la conflictualité associée à une culture du réseau.

Bonne lecture !

N.B. :
Le lecteur constatera le choix qui a été fait de n'apporter aucune citation ou référence dans le corps de l'ouvrage. Cependant, nombre de lectures ont inspiré les concepts exposés. La bibliographie, en fin d'ouvrage, reprend le plan du livre comme une invitation à poursuivre le chemin de la réflexion en rejoignant quelques-uns des auteurs qui ont inspiré les lignes qui suivent à destination de ceux qui souhaiteraient aller plus loin.

# Chapitre 1

# Conduire une intervention sociale

## Diriger dans un contexte de complexité : une question éthique

« Dois-je sanctionner ce salarié transgressif qui connaît en ce moment une situation familiale insoutenable ? » « À qui puis-je donner raison dans ce conflit de personnes qui oppose violemment deux de mes proches collaborateurs et qui attendent chacun que je me positionne ? » « Est-il acceptable de renvoyer cet usager de l'établissement parce qu'il présente des troubles du comportement alors que ce sont ces mêmes troubles qui ont justifié son admission ? » « Jusqu'où puis-je accepter les attitudes de ce résidant qui mettent en danger ses pairs ? » « Même si les résultats sont probants, est-il soutenable de maintenir ce cadre en fonction alors qu'il terrorise son équipe ? » « Peut-on laisser en l'état le fonctionnement de ce service qui s'est donné des règles qui ne respectent pas les personnes accompagnées ? » « Faut-il aller au conflit alors que le statu quo, pour inacceptable qu'il soit, maintiendrait une situation apaisée ? » Toutes ces questions, et bien d'autres, peuplent le quotidien de chaque directeur. Elles sont banales et pourtant redoutablement complexes.

De manière simple, l'éthique pourrait être définie comme la question qui se déploie dans l'espace qu'il y a entre les règles, normes ou prescriptions de tous ordres et les comportements concrets à adopter dans les situations de vie. D'une part, un idéal est assigné à l'ensemble de nos comportements humains. D'autre part, l'expérience vitale nous fait mesurer que tout n'est pas prévu par cette utopie comportementale. C'est dans ce dilemme, ce hiatus permanent, que nous devons nous frayer un chemin composé d'attitudes moralement acceptables, pour nous même ou pour notre groupe social. L'éthique serait donc cette confrontation à l'irrémédiable écart entre normes et comportements qui nous renvoie, individuellement ou collectivement, à une interrogation fondamentale sur ce qu'il convient de faire ou de ne pas faire. La dimension individuelle de l'éthique renvoie à soi : oser se regarder dans son miroir le matin malgré – ou grâce à – ce qu'on a fait la veille. C'est une forme de réconciliation avec son image et les valeurs qui l'ont construite. La dimension collective, quant à elle, concerne des faits sociaux et politiques : adopter des attitudes conformes avec les principes qui fondent la société. L'éthique est ici une manière de préserver la cohésion du groupe en redéfinissant sans cesse les règles qui prévalent.

Une tendance très « moderniste » – versant « managérial » – tend à décliner la fonction de direction sous forme d'un ensemble de techniques à appliquer. Le directeur qui met en œuvre, dans le bon ordre, ces préceptes qui font parfois penser à des recettes en retirerait, nous disent les « coaches », non seulement une satisfaction personnelle d'être « un bon directeur » mais en plus une performance indiscutable. C'est ainsi que nous voyons de jeunes cadres dirigeants, frais émoulus sortis des centres de formation, débarquer sur le « terrain » avec leur panoplie d'outils et de méthodes. Généralement, il ne faut pas beaucoup de temps pour les voir confrontés à des questions insolubles, non prévues dans leurs manuels.

En effet, la fonction de direction amène le praticien à découvrir que tout n'est jamais prévu et que c'est dans l'imprévu que les questions les plus déterminantes se posent. Le plus exhaustif des guides sur la fonction de direction et autres encyclopédies du management ne peuvent traiter de « la » question qui surgit au détour de la pratique et qui confronte le responsable à un dilemme, à un doute, à une question fondamentale : comment réagir dans cette situation que je n'avais pas prévue et pour laquelle je ne dispose pas de réponse toute prête ?

C'est précisément à ce moment qu'intervient la dimension éthique de la fonction. C'est en ce sens qu'il est possible d'affirmer que la fonction de direction est d'abord éthique avant d'être technique. Diriger est prioritairement un acte éthique au regard de la mise en œuvre de techniques de management. Il n'est pas question de dire que ces dernières sont inutiles, que les formations sont superfétatoires ou que les guides et méthodes de toutes sortes ne sont d'aucun secours. Il convient simplement d'affirmer qu'en surplomb de toutes ces références, il est inévitable de se trouver confronté à des questions éthiques et que c'est là que se situe le cœur de la mission de direction.

Mais l'éthique n'est pas qu'une question personnelle qui renverrait le directeur à sa seule conscience. Elle est aussi affaire collective. Si le directeur peut parfois se sentir solitaire dans son exercice professionnel, bien seul à tenter de résoudre ses dilemmes individuels, il se trouve confronté, dans ses choix éthiques, à la dimension collective du problème. L'ensemble des réflexions évoquées dans cet ouvrage renvoie à cette double dimension qui encadre la fonction de direction : individuelle et collective. Au plan individuel, le directeur s'emploie à relever le défi de la cohérence. Au plan collectif, il mobilise une équipe pour bâtir des projets qui font sens. Ce sont là deux déclinaisons opérationnelles de l'éthique.

Cette centralité de la préoccupation éthique qui habite la fonction de direction tend à montrer que le centre de la tâche se situe du côté d'une capacité à interroger, à se questionner, plutôt que du côté d'une aptitude à agir. Le « savoir être » du directeur ne serait-il pas d'abord un « savoir douter » ?

Diriger est un acte suffisamment complexe pour éviter de le réduire à un « faire ». Bien entendu, le dirigeant agit, règle des problèmes, apporte des réponses, tranche des questions, impose des solutions, bref, il décide. Un plaidoyer sur les vertus de l'indécision serait aux antipodes d'un propos responsable sur la fonction de direction.

Mais il en serait de même d'un propos visant à simplifier cette fonction en la réduisant à des actes à poser selon un lien automatique : à tel problème telle réponse, dans telle situation telle attitude. La complexité des enjeux liés à la fonction de direction interdit toute simplification. C'est bien pour cela que l'éthique occupe une position centrale. La première capacité d'un directeur résiderait donc dans sa propension à occuper un positionnement éthique, à se laisser traverser par des questionnements. Il ne s'agit donc pas, prioritairement, de capacités à faire mais de capacités à s'interroger sur le faire.

Le simplisme n'est pas une réponse à la complexité.

Autrement dit, le centre de gravité de la fonction de direction se situe plutôt au cœur de la complexité, sous formes de contradictions, de tensions parfois irréductibles. L'urgence n'est alors pas de « régler les problèmes » mais de maintenir ouverte la question éthique, de porter quotidiennement cette préoccupation.

La principale ennemie de cette posture se nomme « évidence ». L'évidence est une manière sournoise d'éluder la question éthique. Elle s'identifie souvent par des expressions toutes faites : « Ce n'est pas compliqué, il faut… ! », « Il n'y a pas trente-six solutions ! », « Ne compliquons pas inutilement la situation, il n'y a qu'à… ! » Face à ces affirmations qui ont le mérite d'éviter le doute dans les moments indécis, de donner des certitudes à défaut de soutenir des convictions, il est difficile de s'opposer. Comment penser encore quand la réponse est formulée avant même que la question ne soit posée ?

L'art de « l'éthique de direction » serait à rechercher dans la façon de tenir les questions à la manière dont un musicien « tient » sa note sur son instrument. Laisser durer le questionnement, prendre le temps de formuler les interrogations, permettre à l'embarras de déployer tous ses effets sont peut-être le plus sûr moyen de ne pas fermer trop vite ce qu'il conviendrait d'appeler la « dynamique des tensions ». La question éthique est au cœur des contradictions qui font tension, jamais dans les évidences et rarement dans les réponses (surtout les réponses toutes faites).

Les tensions, controverses, contradictions, divergences, sont des énergies que le directeur peut recycler dans une dynamique institutionnelle. L'absence de tensions mène à l'entropie. Le système ne vit plus, n'a plus d'énergie. Le doute, élevé comme art de diriger, est un choix éthique. Là encore, il n'est pas question de promouvoir une image molle du directeur incapable de trancher mais de développer une vision humaine du directeur qui s'appuie sur ses interrogations et celles de l'organisation, sur ses contradictions et celles du système où il évolue, pour engager une manière éthique de diriger.

La position idéale déclinée dans ces lignes entend résolument prendre le contre-pied des définitions « hard » du management qui, selon les écoles, prend la forme de « la main de fer dans un gant de velours » ou de « la main de velours dans un gant de fer ». Il s'agit ici d'affirmer qu'il existe une conception humaniste de la fonction de direction qui tourne le dos aux manipulations, aux stratagèmes pervers, aux conditionnements abêtissants.

La volonté de parvenir à ses fins – cette expression pouvant être acceptée comme un synonyme de diriger – ne peut relever d'une machination. Nous sommes là à un point crucial et incontournable de l'éthique : la nécessité vitale de traiter l'autre comme mon égal, de le considérer comme « autre moi-même », de lui faire ce que j'aimerais qu'il me fasse. Dans cette relation éthique d'altérité, le directeur ne peut exiger de ses subordonnés que ce qu'il peut s'imposer à lui-même. Toute tentative de contrainte manipulatoire ruine définitivement l'idéal éthique. L'aliénation de l'autre à son intention personnelle est une domination qui nie son humanité. Ce n'est pas par cette issue que le directeur peut s'en sortir.

La voie du positionnement éthique reposera plutôt sur la recherche de l'adhésion libre et responsable du subordonné (ce terme a ici vocation à indiquer les positions respectives dans une organisation hiérarchique selon le principe neutre du « lien de subordination », non à désigner une relation de domination et de soumission). Adhésion libre : la relation est choisie et maîtrisée par les deux interlocuteurs. Adhésion responsable : la relation engage une interdépendance réciproque qui amène chacun à répondre de l'autre. Ce n'est pas la soumission qui résulte de cette position mais la recherche d'un accord négocié. Cette recherche d'un accord semble être le positionnement le plus adapté au contexte complexe dans lequel évoluent les acteurs. Le directeur n'impose pas ses vues, il appelle la mobilisation de tous autour d'un compromis acceptable par chacun.

La logique de compromis se fonde sur la conviction que l'on ne peut avoir raison tout seul et que de la délibération collective jaillit une richesse sociale plus forte et plus efficiente que de la domination. L'intérêt général est le nom habituellement donné à cette richesse sociale qui sublime les richesses individuelles. Il s'agit d'une fiction démocratique qui fait tenir le lien social. Finalement, la construction négociée d'un lien démocratique serait, dans le cadre de la fonction de direction, une orientation éthique déterminante.

Le sentier que nous suivons sur les pas de l'éthique nous mène de la posture individuelle du directeur aux enjeux sociopolitiques de l'organisation collective. Cette démarche relie les dimensions personnelles et groupales du questionnement sur les situations.

Pour clarifier la réflexion, il convient de prendre en compte les différents niveaux de complexité qui caractérisent la vie. En effet, les questions éthiques ne se posent pas de la même manière selon qu'on les situe au niveau du sujet ou au niveau des enjeux de société. C'est toute la différence qu'il y a entre la discipline que s'impose l'individu au nom de ses valeurs (mode de vie, pratiques et conduites, habitudes, gestes quotidiens…) et les choix qu'opère une société concernant ses orientations (respect de la vie, développement durable, rapports économiques…). Plus l'empan de la problématique est ouvert, plus la question est complexe, plus son traitement suppose des précautions :
- Agir sur les comportements individuels, même si cela renvoie à toute la complexité du sujet, est un niveau d'action relativement simple. L'individu est renvoyé à lui-même dans ses dimensions intra personnelles.

- Agir sur les relations interpersonnelles apporte un niveau supplémentaire de complexité. Ce sont deux sujets de l'inconscient qui entrent en interaction créant ainsi des effets qui dépassent largement l'addition des deux personnes.
- Agir sur les situations collectives ajoute à la grande complexité des relations entre personnes l'imbroglio des phénomènes de groupe. Le collectif ne produit pas naturellement des comportements plus responsables. L'intelligence collective – dont il sera question plus loin – suppose des conditions de production qui doivent être créées.
- Agir sur les représentations sociétales touche au stade de complexité le plus élevé que peut avoir à traiter le responsable d'un groupe. Ce niveau mobilise des dimensions idéologiques, culturelles, symboliques qui ne se traitent pas simplement. Toute modification des représentations suppose un travail de fond et souvent de longue haleine.

Les stratégies d'action qu'adopte le directeur doivent nécessairement tenir compte de ces niveaux de complexité. Si celui-ci, au nom des repères éthiques qu'il se fixe comme référence d'action, se refuse à user de la violence de la domination ou de la perversion de la manipulation, il doit rechercher l'adhésion qui sera différente selon l'échelon à traiter.

La stratégie à tenir est à la fois spatiale et temporelle. Spatiale d'abord parce que s'adresser à l'individu ne met pas en scène les mêmes présupposés que s'adresser à une équipe, voire à l'assemblée générale d'un établissement ou d'un service. Le directeur gagne à graduer ses interventions en fonction du niveau où il se situe afin de s'adapter. Chacun connaît les stratagèmes qui permettent d'occuper l'espace. Tel directeur choisit préalablement à tout entretien individuel de recevoir derrière son bureau ou autour de sa table de réunion. Certains connaissent l'art de se positionner autour d'une table de réunion (à l'extrémité, au milieu...) selon le type d'animation du groupe qu'ils veulent provoquer. L'utilisation ou non d'une sonorisation devant un groupe de taille moyenne modifie l'émission du message et donc sa réception. Le fait de se tenir debout derrière un pupitre ou assis à une tribune conditionne la façon de s'adresser à un grand groupe. Ces « trucs » que se partagent les directeurs entre eux, sans épuiser les problématiques ouvertes ici, sont en fait des manières indirectes de prendre en compte les niveaux de complexité à traiter.

Temporelle ensuite parce que les temps de réactivité ne sont pas les mêmes selon que l'on intervient au niveau individuel ou au niveau collectif. Le temps de l'individu est un temps relativement court. Il se trouve limité par la personne elle-même, ses capacités mnésiques, la durée de ses affects (la colère n'a pas, en principe, la même temporalité que l'amour…). À l'opposé, le temps de l'historicité sociale est un temps long. La mémoire collective mobilise d'autres réflexes qui induisent de fortes rémanences. Chacun a pu observer la manière dont un collectif garde les traces d'une histoire passée, parfois antérieure même à la présence des personnes qui, pourtant, se comportent et en parlent « comme si elles l'avaient connue ». Les institutions, les organisations sociales, les sociétés elles-mêmes ont des mémoires qui dépassent largement celles des individus qui les composent. C'est pour cela qu'il est toujours plus difficile d'agir sur les représentations collectives que sur les conceptions individuelles. Le directeur avisé sait tenir compte de ce principe pour adapter ses méthodes.

En fait – il en sera question ultérieurement – le directeur est mis au défi de réarticuler sans cesse les niveaux micro, méso et macro de l'organisation qu'il dirige. Outre le fait qu'il doive adapter sa stratégie aux niveaux de complexité qu'il a à traiter, il doit avoir le souci de les articuler entre eux.

**Mettre en œuvre des politiques publiques : une question stratégique**

L'action sociale, à l'instar du champ sanitaire, est actuellement fortement bousculée par des réformes législatives fondamentales et

par une remise en cause des fondements mêmes de sa légitimité. Les formes d'intervention, les règles qui les régissent, les relations entre partenaires, les modalités de travail, les types d'organisation, la philosophie même de l'action changent à des vitesses qui dépassent parfois les capacités d'adaptation des institutions et les limites de compréhension des acteurs. Dans ce contexte perturbé, la mise en œuvre desdites politiques sociales relève de plusieurs chalenges :
- Le chalenge de l'adaptation permanente à de nouvelles règles du jeu. C'est un peu comme si une équipe de sport collectif engageait un match dont les règles ne cesseraient de changer au gré de l'évolution de l'action.
- Le chalenge de faire muter rapidement tout un ensemble de représentations culturelles qui, jusque-là, avaient structuré l'identité de ce champ d'activité. Il s'agit essentiellement de l'irruption de logiques marchandes et concurrentielles, d'une nouvelle manière d'affilier les réponses à une commande politique avant de les inscrire dans des réponses aux besoins émergeant du terrain.
- Le chalenge d'apporter les preuves de l'efficacité de l'action et de la performance des dispositifs. L'action sociale ne se justifie plus exclusivement par sa vocation sociale. La hauteur des investissements budgétaires qu'elle implique la met au défi de justifier son coût par des retours sur investissement.

Ces chalenges, et bien d'autres, remettent en cause l'automaticité confortable des temps fondateurs de l'intervention sociale et médico-sociale qui liait simplement les problèmes aux réponses.

Les nombreux constats produits par les spécialistes de ce secteur d'activité – tant les professionnels eux-mêmes que les chercheurs qui s'intéressent au social – semblent attester globalement d'une difficulté d'adapter les modes de pensée à ces nouvelles donnes. Le discours devient alors spontanément nostalgique, voire empreint d'une certaine plainte. Plus rien ne serait possible dans ce monde qui change trop vite. Les analyses se développent alors sur le ton de la perte : perte des repères, perte des moyens, perte du sens, perte de la qualité de la relation...

C'est dans ce contexte que nous voyons apparaître les nouveaux « entrepreneurs du social ». Ils développent des stratégies en s'inspirant des méthodes du marketing, expliquant aux travailleurs sociaux qui veulent les écouter ou les lire qu'ils ne réussiront à évoluer dans leur travail que lorsqu'ils auront compris que la relation à l'usager est de même type que la relation à un client. Fleurissent alors des modèles « prêt-à-porter » d'organisation et de management, directement inspirés du système marchand, des logiciels « prêt-à-consommer » d'évaluation de la performance, des procédures « plug and play » de contrôle qualité.

À cette catégorie de conquérants d'un « nouveau monde » du social, prêts à y faire fortune sans états d'âme en déposant leurs référentiels pour les protéger, s'opposent les « dernier des mohicans ». Ceux qui veulent en rester à la pureté originelle du travail social, aux valeurs fondatrices. Ceux-là ont le mérite de résister, de ne pas céder aux modes faciles et de tenter de préserver des fondations réfléchies à leur action au lieu de laisser s'évaporer la signification des actes dans l'éther de la facilité idéologique d'un modernisme mal compris.

Entre la position qui consiste à tirer un profit sonnant et trébuchant de la situation présente et l'attitude de refus et de repli frileux sur les certitudes d'un passé révolu, il doit y avoir place pour une posture plus positive qui ne céderait rien ni aux dérives d'une adaptation futile à un contexte désorienté, ni à la tentation fondamentaliste d'une fixation sur un moment de l'histoire du travail social. Il doit y avoir moyen d'adopter une ligne stratégique qui saurait à la fois saisir les opportunités ouvertes par le contexte et y redéfinir des fondements solides et durables qui donnent du sens à l'action.

Les défis qui se posent au travail social aujourd'hui invitent les acteurs à prendre position, à choisir une orientation. L'inconscient se laissera flotter sur les eaux du destin sans savoir où il est et divaguera ainsi sans savoir où il va. À l'inverse, le navigateur au milieu de la mer ne se laisse dicter sa route ni par les courants, ni par les vents. Il sait par contre utiliser courants et vents pour aller dans la direction qu'il a choisie. C'est peut-être à cela que nous invitent les bouleversements actuels de l'action sociale en France. Il s'agit donc de passer soit de l'errance opportuniste à l'offensive, soit de la résistance stérile à l'offensive, mais c'est toujours de choix offensifs qu'il s'agit.

Dans cette dimension du choix, il apparaît que les cadres de l'action sociale ont un rôle prédominant à jouer. Ce sont eux qui peuvent guider les équipes de terrain vers l'offensive souhaitée. Les directeurs sont les mieux placés pour éviter aux équipes de devenir des bateaux ivres ou des citadelles assiégées. Ce sont eux qui peuvent mobiliser les énergies pour permettre aux équipes de prendre position, de choisir une orientation.

Spontanément, on a tendance à penser que ces évolutions sont le résultat de l'intention de quelques décideurs qui auraient le pouvoir d'orienter le destin de notre société. Pire, ces intrigants qui, par leurs choix machiavéliques, mèneraient le monde à sa perte, seraient cachés, invisibles. Il s'agirait d'un complot ! Cette vision un peu magique des phénomènes implique un découragement d'autant plus fort que chacun se sent parfaitement impuissant face à une machination de cette ampleur. Il ne reste plus qu'à dénoncer le complot et à adopter la confortable position de la victime. « Tout cela n'est pas de ma faute... » et si je « pouvais », il en serait autrement ! Cette conception d'un monde ballotté par le complot fomenté par quelques-uns est marquée par un lien de causalité simpliste qui ne prend pas en compte les effets de système qui organisent les évolutions du monde.

Il n'y a pas de complot, juste des rapports de force !

Les évolutions sensibles de nos sociétés sont la résultante de forces qui s'opposent, s'assemblent, se repoussent et s'attirent, se perdent et se créent. Il s'agit là de tout un réseau d'énergies qui, tels les fils d'une toile grossière, s'entrecroisent et s'assemblent pour former le tissu d'un univers qui évolue sans cesse. Bien entendu, ces énergies structurantes ou désorganisatrices qui traversent, chaque instant, la construction sociale ne sont pas le simple fruit du hasard ni dénuées d'intentions d'acteurs. Le phénomène est plus complexe. C'est justement pour cela qu'il ne peut s'agir du complot isolé de quelques manipulateurs dissimulés. Certes, des volontés de prise de pouvoir, il y en a, mais elles entrent toutes en lice avec d'autres tentatives de putsch, avec des résistances, avec des complicités, voire des compromissions. C'est la résultante anarchique de toutes ces intentions qui crée le contexte dans lequel nous évoluons. C'est de ces rapports qu'émerge une culture plus dominante que les autres, une législation plus favorable aux uns qu'aux autres, des institutions qui régulent la vie sociale au profit de certains, bref, une société avec ses rapports de domination.

S'il n'y a pas de complot, s'ouvre une perspective d'action qui justifie la mobilisation de chacun. En effet, la partie n'est plus jouée d'avance et toute action sur le système peut produire des effets, inverser une tendance, corriger une dérive, ajuster une orientation.

Dans toutes ces chaînes décisionnelles qui structurent l'action de la société sur elle-même, quelle peut-être la position d'un directeur d'établissement ou de service social ou médico-social ? S'il ne cède pas à la facilité de la victimisation selon la logique déresponsabilisante du complot, il tentera de passer de la position d'exécutant à celle d'intervenant. La position de l'agent – l'exécutant – est un constat d'impuissance qui rogne les ailes du dirigeant. Il ne lui est possible que de bien exécuter sa tâche dans la limite des contraintes imposées. Il peut tout au plus solliciter le niveau minimal de moyens qui sera nécessaire à la bonne exécution des consignes. La position de l'acteur – l'intervenant – veut, au contraire, peser sur le cours des choses, agir pour orienter l'action, intervenir pour influer la décision politique. Pour illustrer ces deux postures, un exemple à propos de la négociation des moyens budgétaires :
- Dans la logique de l'agent, le directeur négocie le budget de son établissement ou service au moment prévu par la

procédure. À ce moment, les orientations budgétaires sont déjà arrêtées (qu'il s'agisse du vote du budget primitif d'un conseil général, de l'orientation nationale des dépenses de l'assurance maladie ou de la loi de finance de l'État). Il ne lui reste plus qu'à quémander les moyens de survie de son institution ou, s'il est plus ambitieux, de grappiller quelques sous supplémentaires pour développer de nouvelles actions.
- Selon la logique de l'acteur, le directeur ne limite pas son intervention aux campagnes budgétaires. C'est désormais en amont de l'attribution des budgets que se joue la décision de l'allocation des moyens de l'action sociale. Le directeur-acteur choisira donc de peser sur le moment de la décision politique. Il porte son action sur le choix politique des moyens qu'une collectivité décide de consacrer à la solidarité. C'est le plus souvent via les fédérations que se joue ce lobbying sur la décision d'orientation. Le directeur-acteur se mobilise donc plutôt par sa participation aux fédérations de son secteur.

Il s'agit bien là de deux postures qui, si elles ne s'excluent nullement l'une l'autre, attestent de deux choix très différents concernant la fonction de direction. Nous retrouvons ainsi une illustration du terme « offensif » présenté comme une troisième voie dans l'alternative réductrice de la soumission et de l'opposition.

**Développer une action territoriale : une question technique**

L'intervention sociale ne s'est-elle pas construite « hors » du social ? Le traitement des personnes en difficulté s'est d'emblée situé en se mettant à l'écart, en mettant de côté les bénéficiaires. Dès les lointaines origines d'un début de prise en charge des personnes différentes (infirmes, fous, vagabonds, débiles…) c'est le principe de la relégation qui prévaut. On met à l'écart les individus qui dérangent, qui menacent l'ordre social. Cela n'empêche pas de justifier cette exclusion sociale par des principes hautement charitables. Cette orientation s'est maintenue au cours de la longue histoire du travail social. De l'enfermement dans les hôpitaux généraux du XVIIème siècle aux Instituts Médico-pédagogiques d'après-guerre, les modes d'intervention ont toujours massivement consisté à isoler les individus du groupe social pour les traiter. Les progrès essentiels ont été réalisés par la différenciation des publics grâce à des catégorisations de plus en plus fines qui permettaient des interventions spécifiques, mais toujours par une séparation avec la société. Les progrès ont également porté sur la professionnalisation des intervenants mais là aussi, en mettant les bénéficiaires à l'écart des instances techniques de travail. C'est sur ces bases que nous pouvons penser que l'intervention sociale s'est construite, non pas au cœur des liens sociaux, mais à côté.

Cette mise à part des usagers a inévitablement connoté la configuration des institutions. Les établissements destinés aux personnes handicapées, aux enfants abandonnés ou en danger, aux adultes socialement inadaptés, à l'instar des hôpitaux psychiatriques et des prisons, ont été conçus comme des lieux séparés du reste de la société. De vastes demeures à la campagne ont été utilisées pour créer des établissements sociaux. Séparées du reste du monde par de hauts murs, ces institutions vivaient selon leur propre logique, certes adaptée aux problématiques particulières de leurs pensionnaires, c'était là leur richesse, mais sans lien avec la vie sociale, avec les institutions de droit commun.

Ces modalités de structuration des institutions du social ont configuré un rapport particulier à leur environnement. Il a fallu les influences d'autres secteurs d'activité (l'éducation populaire, l'animation socioculturelle, puis plus tard les politiques de la ville et le développement social local) ou le courage de pionniers qui ont décidé de quitter les murs de leurs institutions (les premiers éducateurs de rue) pour commencer à penser les relations des établissements avec les réalités du territoire où ils sont implantés.

Mais il y a territoire et territoire. Les premières représentations du territoire en action sociale étaient soit administratives (décalque des lieux d'action sur les cantons, les départements ou les régions), soit techniques (découpage géographique et démographique des publics cibles) soit utilitaires (ressources exploitables de l'environnement proche, bassin de recrutement des publics potentiels).

Penser le territoire comme un espace physique, symbolique, culturel, géographique, économique, social et politique sur lequel se structure en interaction l'établissement ou le service a demandé, et demande encore dans de nombreux cas, un effort important. La matrice intellectuelle qui consistait à penser l'institution en elle-même, comme une entité auto-suffisante, reste aujourd'hui encore très prégnante.

Or, il est convenu que l'institution n'existe qu'inscrite dans un « quelque part ». Elle s'établit sur un « lieu » où vivent, agissent et interagissent des hommes et des femmes. L'institution habite un territoire où évoluent des habitants. Ce concept d'habitant est de plus en plus déterminant, il surplombe la notion d'usager qui ne représente qu'une sous-catégorie provisoire de l'habitant. Ce qui détermine l'action sociale, c'est le fait qu'elle concerne des personnes qui, avant toute autre chose, habitent quelque part. À titre d'illustration, c'est cette logique qui a prévalu à la loi du 11 février 2005 relative aux droits à la citoyenneté et à la participation des personnes handicapées, notamment quand elle pose le principe de l'inscription de tout enfant en situation de handicap dans son école de proximité : il est d'abord scolaire dans son quartier avant d'être handicapé et de relever d'un dispositif spécial d'éducation et d'enseignement.

L'établissement ou le service social ou médico-social vit quelque part, il est « là » et y laisse sa trace. Le territoire se trouve impacté, configuré par cette présence. Réciproquement, la structure est modelée par cet environnement. Trop longtemps les cadres du social ont ignoré cet état de fait.

Cette découverte, relativement récente, de l'enjeu territorial provoque un engouement pour le local au moment où tous les échanges se mondialisent. Les échelles d'action bougent. Elles tendent à se diluer dans des espaces de plus en plus ouverts, à s'étendre. Par exemple, les restructurations organisationnelles de l'action sociale tendent à privilégier la région comme espace pertinent de conception et de gestion des actions coordonnées sur les territoires. C'est-à-dire qu'au moment où il faut concevoir le plus localement possible les interventions au plus près de l'usager et de ses besoins, il faut s'élever au niveau régional pour penser un pilotage adéquat desdites actions. Dans les longues et insolubles réflexions sur la réforme des collectivités territoriales, émaillées de nombreux rapports, nous pouvons percevoir que la tendance est nettement d'aspirer les niveaux locaux dans des ensembles plus larges (la commune dans les Etablissements Publics de Coopération Intercommunale –EPCI –, le département dans la région). Comme l'indique la fameuse expression, le défi est aujourd'hui de « penser "global" pour agir "local" ».

Cette réarticulation du local – récemment intégré comme une donnée essentielle dans le travail social – et du global – récemment imposé par les phénomènes de mondialisation – suppose d'investir de nouveaux schémas de pensée et d'action, de nouvelles méthodes de travail, de nouvelles techniques, de nouveaux modes d'organisation. Il semble en effet impossible de tenir à la fois les relations de proximité de l'établissement, son inscription dans les politiques territoriales (politiques de la ville, politiques de pays, politiques départementales), son implication dans la construction nationale des politiques sociales, son influence dans les orientations européennes et sa participation active au développement des liens nord-sud ! Ces dimensions et ces échelles supposent des outils, des moyens et des relais efficaces qui permettent de tenir, avec d'autres, tous les bouts de la chaîne. C'est une véritable stratégie coordonnée qu'il s'agit de mettre en place.

À cela, il faut ajouter la fluidité des réalités territoriales traversées par des « espace-temps » différents. Par exemple, du point de vue de l'usager, le territoire (physique, culturel…) d'où il vient n'est pas celui où se joue l'intervention ni celui où il ira après. Toutes les acceptions du territoire ne s'emboîtent pas parfaitement, elles sont même souvent disjointes.

C'est là qu'intervient la fonction de direction comme clef de voûte d'un système d'action qui intègre toutes les dimensions de l'intervention. Le directeur, en lien avec les instances délibérantes de l'organisme gestionnaire, prend en compte et articule ces différents niveaux de travail qui impliquent différents niveaux de projet, différents niveaux de stratégie et des moyens adaptés. Ici comme dans le travail sur les représentations, la complexité croît avec les niveaux. Du local au global, le directeur doit gérer des enjeux de plus en plus complexes et adapter ses modes d'intervention en conséquence.

Cet investissement stratégique sur ces différentes échelles territoriales – notons ici que l'Europe est également un territoire – relève d'un choix de positionnement et de dosage signifiant des investissements. S'il est aujourd'hui impensable que le directeur ne soit pas présent dans les liens locaux, il ne peut être absent des relations à tenir aux échelons plus élevés.

**Assumer l'historicité de l'institution : une question de mémoire**

En écho à cette problématique des territoires résonne une seconde dimension qui caractérise l'institution et que doit intégrer le directeur dans ses positionnements. Si l'institution doit prendre conscience qu'elle est de « quelque part », elle doit aussi réaliser qu'elle y est « née ». Le territoire est un lieu de mémoire parce qu'il est l'espace d'inscription de la vie de l'organisation. Comme tout organisme vivant, l'établissement ou le service social ou médico-social naît, vit et meurt. À la suite des grandes créations des institutions du social – essentiellement durant les « trente glorieuses » – il fut difficile d'imaginer qu'après ces temps fondateurs les organisations auraient à vivre et seraient susceptibles de disparaître un jour. Le législateur était lui-même pris dans cette illusion d'immortalité quand, en 1975 – loi relative aux institutions sociales et médico-sociales – il a défini le régime de l'autorisation sans évoquer son renouvellement. C'est en 2002 – loi rénovant l'action sociale et médico-sociale – que, les mentalités ayant évolué, il est arrêté que l'autorisation est limitée dans le temps. La fin d'une organisation d'action sociale devient ainsi une hypothèse envisageable. Vivre, c'est devoir évoluer entre deux échéances incertaines et immaîtrisables : la date de sa naissance et celle de sa mort. Toute la dynamique de la vie réside dans cette incertitude radicale du commencement et du terme. Penser l'institution comme une trajectoire en constant travail sur elle-même entre un début et une fin éclaire bien différemment la réalité. Il ne s'agit plus de pérenniser l'organisation dans un contexte d'éternité mais de durer pour évoluer vers l'échéance finale, la fin de l'aventure. Bien entendu, les échelles de temps dont il s'agit ne sont pas du même ordre, ni d'ailleurs de même nature, que pour la vie humaine. Le temps long des institutions n'est pas immédiatement perceptible à l'intelligence humaine sans un effort pour penser les temporalités dans ce nouvel espace. Selon cette perspective, le directeur n'accompagne qu'une petite phase de la vie de l'établissement ou du service, une vie qui a toutes les chances de lui survivre autant qu'elle l'a précédé. Mais situer son intervention à ce niveau confère une perspective différente à l'action. Désormais, l'action se situe dans un espace-temps à réfléchir autrement : l'espace des territoires, le temps de l'institution.

Ces remarques apportent un éclairage sur la manière de gérer les successions de directions dans les établissements et services sociaux et médico-sociaux. Le directeur qui prend ses fonctions doit toujours tenir compte de ce qu'il y avait avant lui, de ceux qui le précédaient. Nous reviendrons plus loin sur l'historicité des organisations. Il s'agit ici simplement de réaliser les successions de temporalités institutionnelles qui sont scandées par les rythmes des arrivées et départs des directeurs et qui s'inscrivent dans le temps de vie de l'organisation depuis sa naissance jusqu'à sa fin. Cette dimension de l'analyse est particulièrement pertinente quand la succession se fait immédiatement après un « directeur fondateur ». Il arrive souvent que cette catégorie de dirigeants ait eu le sentiment de fonder une œuvre pour toujours. Dans certains cas, il leur est parfois difficile de « passer la main », soit parce qu'il leur est insupportable que l'institution leur survive, soit parce qu'ils n'imaginent pas que l'institution puisse se modifier avec leur départ.

Inscrite dans la dynamique naturelle du mouvement vital, l'institution est porteuse d'une mémoire. Elle est à la fois un lieu mémoire – c'est-à-dire un espace physique et symbolique qui stocke les traces d'un vécu, le sien et celui des personnes qui y vivent – et un support de mémoire – c'est-à-dire le témoin de la vie qui se déroule, la sienne et celle de ceux qui y passent. Le directeur, surtout au début de sa prise de fonctions, a tout à gagner à intégrer ces dimensions rétentionnelles de l'organisation – son aptitude à retenir des informations pour les restituer – sa capacité mémorielle. Si le directeur « oublie » qu'il a affaire à des mémoires en action (les murs, l'organisation, les acteurs…), il court le risque de « rappels » à l'ordre, que l'institution se « rappelle à son bon souvenir ».

Une nouvelle dimension du rapport à l'espace-temps des institutions de l'action sociale réside dans la relation qu'ont les organisations avec leur substance – la matière qui les constitue. Nous assistons à un double mouvement des institutions : une fluidification et une déspacialisation. Certains emploient improprement le terme de dématérialisation. Il ne s'agit pas d'une dématérialisation des institutions mais d'une mutation radicale de leur matière. Pour comprendre cette affirmation, il suffit d'observer ce qui se passe dans le traitement des informations par les médias. Le passage du journal tabloïd à l'Internet n'est pas une dématérialisation de l'information mais un changement de matière. Le numérique est une matière, au même titre que les lettres de plomb du linotypiste qui permettaient l'impression sur papier d'un quotidien. L'information existe toujours, elle a simplement changé de supports. C'est cela qui est en train de se produire dans les organisations du travail social.

Jusque-là, les institutions étaient définies par ce qu'elles possédaient : patrimoine, personnel, capacité d'accueil, budget, etc. L'organisation consistait à stocker tous les éléments qui permettaient l'action. Aujourd'hui, l'institution tend plutôt à se définir par ce qu'elle échange, par ce qu'elle met en circulation dans l'espace social, par les flux qui la traversent ou qu'elle génère : technicité, souplesse d'adaptation, réactivité, efficience, etc. Le passage de la notion de prise en charge à celle d'accompagnement illustre cette mutation de la substance institutionnelle – d'autres diraient sa légitimité. Mais nous ne sommes qu'au début de ce mouvement. L'émergence de plus en plus fréquente du concept de « parcours de l'usager » comme processus de toute relation d'aide et de soutien annonce une radicalisation et une accélération des changements. L'institution sociale devra s'inscrire dans le mouvement pour être capable de prendre en compte des usagers qui ne sont plus « placés », « orientés » ou « admis » mais qui sont en marche, en « parcours ». Dans ce mouvement, le passage s'opère vers la notion de dispositif. Il nous faudra revenir sur ce concept de plus en plus central de la fonction de direction. Cette fluidification des formes et des conceptions de l'organisation est un élément déterminant du positionnement du directeur. Car, avec cette mutation substantielle de la structure, mute également la fonction de celui qui la dirige. Garantir le bon ordre de marche du système ne se pose pas de la même manière dans une organisation qui gère des flux que dans une organisation qui préserve ses stocks.

À cette fluidification s'ajoute, un peu comme une ombre portée, un phénomène de déspacialisation. Ce terme éclaire plus avant la question de la territorialité. Historiquement, les institutions du social se sont créées et se sont pensées comme étant au centre d'elles-mêmes. C'est la logique institutionnelle qui constituait le centre du projet, tout était pensé et conçu à partir de cette centralité de la structure. Quand les décideurs politiques ont annoncé qu'il convenait de « placer l'usager au centre du projet », cela a fait l'effet d'une bombe tant ce slogan – dont il est aisé par ailleurs de percevoir le caractère démagogique – percutait les identités ancestrales. L'institution était mise en demeure de se décentrer d'elle-même pour s'occuper de l'usager, prendre en compte ses besoins, s'adapter à ses demandes ! Les fondations de l'établissement ou du service se recomposent sous l'impact de la montée en puissance de la question de l'usager. La nouvelle légitimité des organisations du travail social repose sur leur capacité à accompagner des personnes singulières, reconnues dans la spécificité de leur parcours de vie et autorisées à attendre des réponses personnalisées. La loi 2002-2 rénovant l'action sociale et médico-sociale a entériné cette mutation en abandonnant la notion de dispositif pour se centrer sur une logique d'action. C'est ce qui est fait auprès de l'usager qui compte, pas l'institution.

Au total, nous assistons à un bouleversement sur plusieurs échelles. Du lieu trop localisé de l'institution, il convient de s'ouvrir à la fois à l'espace multidimensionnel du local et du global mais aussi au lieu de l'usager qui est un habitant (né et vivant quelque part) avant d'être utilisateur d'un dispositif d'intervention sociale. D'une temporalité trop définie par le temps institutionnel sur fond d'illusion d'éternité, il faut passer au temps des formes fluides et fortement évolutives des organisations contemporaines mais aussi au temps de l'usager qui est désormais au centre de l'organisation.

**Piloter des logiques de réseaux : une question politique**

Dans cet environnement qui bouscule les repères spatio-temporels, nous intéressant ici à la fonction de direction, il est légitime de s'interroger sur ce que deviennent les lieux de décision. La fonction hiérarchique tend à se concevoir comme une chaîne qui, du haut vers le bas de l'organisation, transmet des décisions, des consignes à mettre en œuvre, des ordres à exécuter. La fonction hiérarchique s'inscrit spontanément dans une logique de filière. Que devient-elle dans une société qui explose ces repères du passé au bénéfice de formes plus souples, plus fluides, plus diffuses d'organisation ?

Il est habituel, pour décrire ces phénomènes, de dire que nous vivons désormais dans une société hypertextualisée. C'est-à-dire dans des formes d'échanges sociaux qui mettent plutôt en valeur les croisements, les interconnexions entre les acteurs, les liaisons multiples. Ces nouvelles relations se construisent par des nœuds plutôt que par des filières.

Il paraît alors clairement que le mode de direction, dans un tel contexte hypermoderne, ne peut plus être de même nature que du temps de l'entreprise fondée sur le modèle du « père de famille » pas plus que sur le modèle autoritaire du temps où les agents de maîtrise étaient recrutés parmi les militaires en retraite. Dans une société hypertextuelle, l'encadrement devient multiforme, souple, variable selon les moments et les situations. Le directeur ne tient plus le bout d'une chaîne de commandement, il anime un réseau de décisions, il pilote un système d'interactions complexes dans lequel il ne maîtrise pas de bout en bout le processus mais il lui donne sens, il en extrait des compromis utiles, il en garantit l'opérationnalité.

Il est donc déterminant que le directeur s'attelle au repérage de ces « nœuds » qui configurent l'organisation qu'il dirige. Repérage des liens hypertextes à l'interne de l'organisation, mais aussi à l'externe. C'est là une autre dimension de la déspacialisation des institutions : elles deviennent de plus en plus poreuses à leur environnement. La distinction entre le dedans et le dehors de l'organisation est de plus en plus délicate à faire tant l'environnement impacte fortement ce qui se déroule au cœur du système.

L'art de piloter des logiques de réseau suppose, dans un premier temps, que le directeur prenne conscience de ce que devient sa fonction d'encadrement dans le nouveau contexte de travail qui est le sien. Celui qui pense encore que sa mission s'inscrit dans une simple logique descendante s'expose à de graves désillusions. Toute entrée par un autre espace de l'organisation risque alors d'être vécue comme concurrentielle à son autorité alors qu'il s'agit de ressources nouvelles à exploiter.

Dans une société en réseaux, les pratiques sociales évoluent fortement. Dans une société autoritaire centralisée, pour peser sur la décision, il suffisait d'agir sur la tête de l'organisation. L'influence sur les choix politiques se jouait auprès du gouvernement et celui qui y avait ses entrées avait plus de chance d'être influent. Aujourd'hui, il faut à la fois agir sur l'État national, le niveau européen, le Conseil Général et la Région. Mais il faut aussi tenter d'influer l'opinion publique sans oublier quelques personnages clefs qui, sans avoir de fonction bien repérée n'en sont pas moins influents.

Quand tout fait système, que tout est réseaux et interactions, les stratégies pour peser sur les décisions sont d'une nature tout à fait nouvelle. C'est un peu comme si nous étions dans le lit d'une rivière. Vouloir s'opposer à son cours n'a que peu d'influence sur elle. Mieux vaut utiliser la force naturelle du courant pour tenter de la dévier, de l'orienter autrement. C'est par l'influence que l'action sera efficace, non par la force.

C'est ainsi que nous voyons monter en puissance les fonctions de lobbying. Il s'agit bien d'influencer le cours des choses dans des systèmes de décision marqués par cette « modernité liquide » dans laquelle nous évoluons désormais.

Dans ce contexte, le directeur qui entend prendre sa place dans l'ensemble des décisions qui l'environnent – tant au plan interne dans ses relations avec l'organe délibérant de l'organisme gestionnaire de son établissement ou service qu'à l'externe sur les politiques sociales locales et nationales – doit élaborer une véritable stratégie qui articulera son positionnement personnel et ses liens dans des réseaux d'influence.

La participation des cadres dirigeants à des réseaux actifs est un élément de plus en plus central de la fonction de direction. Ces réseaux se déclinent sur des échelles différentes et dans des registres qui associent les dimensions corporatistes (groupements de directeurs) et thématiques (regroupements professionnels par champs d'activité) sans oublier les dimensions inter fédératives (représentation de l'ensemble des acteurs de l'action sociale) et syndicales (syndicats de cadres, syndicats employeurs).

Les fonctionnements en réseau préservent l'organisation d'un risque majeur : le risque totalitaire. Le principe totalitaire c'est : l'institution peut tout faire seule ! Le principe du réseau, qui lui est diamétralement opposé, c'est : l'institution a besoin d'aide ! La logique de réseau pose le principe de la complémentarité entre acteurs et entre structures pour répondre à l'ensemble des besoins, couvrir toutes les demandes d'un territoire. Cette complémentarité est plus riche que le développement de réponses complètes – ou prétendument telles – portées par un seul promoteur. La tentation d'étendre le champ d'action d'un établissement ou d'un service menace de construire un dispositif fermé sur lui-même, entendant tout prendre en charge et, implicitement, supportant mal le regard et l'intervention extérieurs. Dans un tel système, l'usager est pris, dépendant. Il ne peut se penser pour lui-même une extériorité à l'institution, toute sa vie, sous tous ses aspects, en dépend. Un tel système aliène l'usager du fait de l'aspect total que recouvre sa prise en charge. Ces orientations de travail ont justifié l'évolution de certaines institutions originellement destinées à des enfants. Au fur et à mesure que vieillissaient leurs usagers, elles ont ouvert des structures pour répondre à l'évolution de leurs besoins et leur assurer, à l'interne, les solutions à leurs nouveaux problèmes. D'accueil d'adolescents puis de jeunes adultes, ces institutions finissent leur carrière en s'adressant à des adultes vieillissants. Bien entendu, l'intention des promoteurs est noble et dénuée d'intentions hégémoniques ou possessives à l'égard des usagers. Il s'agissait de répondre aux besoins constatés, rien de plus. Ce n'est pas l'intention qu'il convient d'interroger mais les effets induits par ce genre de développement. Plutôt que de jouer la complémentarité avec d'autres réponses existantes sur le territoire de proximité, l'extension de réponses autosuffisantes a pour effet d'enfermer l'usager dans une seule forme institutionnelle. Et donc de rendre plus difficile son insertion dans des réseaux sociaux d'institutions.

Le thème dominant de l'accompagnement des parcours de vie des usagers incite davantage à développer des processus en réseaux diversifiés et évolutifs qu'à circonscrire l'ensemble des réponses en un seul et même lieu, par les mêmes acteurs. La notion de parcours doit être congruente entre l'usager et les organismes qui s'adressent à lui. La cohérence entre les éléments du système suppose que l'institution s'inscrive, elle aussi, dans un parcours territorialisé qui va la conduire à la rencontre des partenaires naturels de son environnement.

Cette orientation de travail influe singulièrement le positionnement stratégique du directeur. Son action ne sera pas exclusivement tournée vers la qualité interne de l'organisation mais aussi sur les liens pertinents à créer autour de l'institution. Cette orientation tourne le dos à l'image d'un directeur exclusivement concentré sur la bonne gestion de « ses ouailles », seul maître à bord qui ne dépend d'aucun facteur externe. Cette orientation esquisse le portrait d'un directeur qui va avoir à doser son investissement entre l'interne et l'externe. À ce titre, l'analyse de l'emploi du temps de n'importe quel directeur d'établissement ou de service social ou médico-social est révélatrice des choix opérés. Trop souvent derrière son bureau, il y a fort à parier qu'il fonctionne plutôt selon le modèle de l'institution « totalitaire » …

Au moment où s'ébauchent de nouvelles formes de relations de complémentarité sur les territoires – Cf. le fleurissement des Groupements de Coopération Sociale et Médico-Sociale (GCSMS) mais aussi des réseaux coordonnés et autres dispositifs de coopération interinstitutionnelle – les changements organisationnels de l'action sociale induisent des orientations contradictoires en ouvrant la porte à la concurrence entre organisations – Cf. le principe de l'appel d'offre ou de sa version « soft » qu'est l'appel à projet – tendent à placer les promoteurs en compétition. Il semble qu'il y ait une contradiction intrinsèque entre logiques de coopération et logiques de concurrence. Il n'est pas certain que l'intelligence des promoteurs de l'action sociale en France soit suffisante pour faire face à ces injonctions paradoxales.

Pourraient ainsi se dessiner deux profils de directeurs, en miroir des portraits des institutions qu'ils dirigent :
- Les directeurs « compétiteurs » qui cherchent avant tout à gagner des parts de marché et conduisent leur établissement ou service à tout assurer, tout prendre, au détriment des autres opérateurs locaux ;
- Les directeurs « coopérateurs » qui choisissent de s'inscrire dans des réseaux et placent la couverture des besoins

comme priorité, quitte à ce que cela se fasse au détriment du développement de leur établissement ou service.

## Animer la contractualisation : une question tactique

Il y a déjà plus de vingt ans que le contrat a fait son apparition dans la relation d'aide. C'était en 1988 avec la création du Revenu Minimum d'Insertion. Depuis, la logique de contractualisation n'a cessé de s'étendre à l'ensemble des pratiques. Ce faisant, le travail social n'inventait pas des pratiques nouvelles, il était le reflet de ce qui se passait dans l'ensemble de la vie sociale. Progressivement, les rapports sociaux ont mis en avant le contrat comme forme privilégiée de régulation des échanges. Aujourd'hui, tout fait l'objet d'un contrat. La preuve, des concurrents s'affrontant dans un jeu télévisé parviennent à obtenir des tribunaux l'assimilation de leur « divertissement » (il n'est pas question ici du niveau de ce genre de prestation…) à une forme de contrat de travail.

D'aucuns ont dénoncé, tant en 1988 avec le contrat d'insertion qu'en 2002 avec le contrat de séjour, que ces engagements soi-disant réciproques étaient des duperies, que l'usager n'avait pas réellement la liberté de contracter, que la validité juridique de ces actes restait douteuse. Sans entrer dans la polémique, retenons que ces évolutions, quelle qu'en soit la portée juridique, introduisent la pratique contractuelle dans la relation d'aide. Qu'il s'agisse ou non d'un « vrai » contrat, il est bien question d'une négociation dans laquelle les parties en présence s'engagent à une réalisation commune, s'engagent dans des actes qui visent un objectif commun. Le directeur, dans un établissement ou service social et médico-social, est le garant de cette dynamique contractuelle qui s'inscrit ainsi au cœur des pratiques professionnelles.

Le directeur se trouve d'ailleurs à la croisée de plusieurs types de contrats :
- Il est celui qui valide les contrats de séjour. La réglementation en la matière prévoit que le contrat de séjour est signé par le représentant légal de l'organisme gestionnaire, c'est-à-dire dûment mandaté par celui-ci.

Ainsi, le directeur assume directement la signature parce que celle-ci est prévue dans le Document Unique de Délégation qui fixe les délégations de responsabilités entre le gestionnaire et le directeur. Il peut bien entendu subdéléguer ce pouvoir de signature des contrats de séjour mais il en porte cependant la responsabilité.
- La plupart du temps – bien que cela dépende de la taille et du statut de l'établissement ou service social ou médico-social – c'est le directeur qui signe les contrats de travail avec les salariés de son équipe. De plus, le directeur est lui-même sous le coup d'un contrat de travail le concernant auquel est adjoint le Document Unique de Délégation, cité ci-dessus, qui est aussi une forme contractuelle d'engagements en matière de responsabilité.
- Le directeur, en tant que garant de la règle interne de l'organisation joue un rôle essentiel dans l'élaboration et l'application des règlements (règlement intérieur des salariés, règlement de fonctionnement des usagers). Ce ne sont pas, à proprement parler, des contrats, sauf si on se réfère aux notions de « vivre ensemble » et de « contrat social »… toutes choses qui maintiennent la cohésion des communautés sociales.
- Le directeur qui travaille dans le cadre d'une association est « pris » de manière originale dans un contrat particulier à ces formes françaises d'institutions : le contrat associatif. Il n'est pas lui-même cocontractant au projet associatif puisque les cadres dirigeants peuvent difficilement être administrateurs de leur propre association, sauf à courir le risque d'une prise illégale d'intérêt. Cela n'empêche que le directeur soit au cœur du contrat associatif, notamment du fait de son rôle, développé plus loin, d'articulation des dimensions techniques et politiques de l'action.
- Le directeur pilote également ces contrats qui lient les établissements et services sociaux et médico-sociaux avec les autorités qui organisent l'action sociale en France : autorisation, convention, habilitation…
- Les plus assidus concluent des contrats de partenariats qui prennent noms de Groupements d'Intérêt Economique

- (GIE) ou Public (GIP), de Groupement de Coopération Sociale et Médico-Sociale (GCSMS) et autres conventions de coopération.
- En matière de gestion, le directeur peut élaborer un Contrat Pluriannuel d'Objectifs et de Moyens (CPOM) qui contractualise les modalités de tarification de l'activité de son établissement ou service sur la base d'un projet pluriannuel d'activité.
- Bien entendu, il applique, pour les salariés, une Convention Collective de travail qui est une forme étendue de contractualisation autour des rapports sociaux de l'entreprise et de la branche professionnelle.
- Mais il pourra également conclure des accords d'entreprise qui sont des formes locales de conventions fortement encouragées par l'évolution récente de la législation du travail.
- Le projet d'établissement ou de service, dont le directeur est le premier porteur, peut être envisagé comme une forme de contrat, une alliance qui embarque les acteurs dans une visée commune.
- Nous ne parlons pas ici de la multitude de contrats commerciaux, de baux, de contrats de maintenance et d'assurance que signe le directeur dans son activité quotidienne.
- Etc.

De toutes ces formes de contrats (pour autant qu'il s'agisse de contrats authentiques), il faut retenir qu'elles sont, aujourd'hui, la forme la plus aboutie dont nous disposons pour réguler les relations au sein des organisations. Les formes organisationnelles en management se sont bâties sur le modèle patriarcal – les compétences du chef se substituent à celles des agents – puis ont évolué vers le modèle vertical – le cadre hiérarchique supplée les insuffisances du subordonné et lui délègue ce qu'il peut assumer – et parviennent enfin au modèle contractuel – chaque acteur défini avec les autres ses engagements et l'engagement des autres dans un projet collectif où chacun peut à tout moment vérifier la bonne tenue de l'engagement de tous et de chacun. Le contrat induit l'idée de co-construction des projets, chacun participe.

Bien sûr, il s'agit là d'une vision un peu théorique du contrat visant simplement à mettre en lumière les évolutions. Il ne faut pas omettre que le contrat, au-delà de sa forme, met en mouvement des jeux d'acteurs (Cf. la postface de Patrick Martin). Il ne faut pas oublier non plus que nous assistons actuellement à une survalorisation du contrat qui tend à reléguer toute contrainte comme appartenant au passé.

Au fond, il est essentiel de percevoir qu'animer la contractualisation, c'est d'abord repérer les marges de manœuvre des acteurs et les accompagner, de faire émerger des espaces de liberté où l'action est possible. Dans cette perspective, les formes contraintes d'aide (par exemple la protection de l'enfance par la voie d'une décision judiciaire) ne sont pas plus liberticides que certaines formes dénaturées de contrat (par exemple l'obtention par des parents d'une signature d'un accueil provisoire pour leur enfant sous la menace d'un signalement au juge des enfants).

Dans ces conditions d'omniprésence et de survalorisation des rapports contractuels, le défi qui se pose pour le directeur est de maintenir la nécessaire cohérence des niveaux de fonctionnement. Cela va des rapports entre professionnels et usagers aux rapports hiérarchiques en intégrant les rapports externes à l'établissement ou service social et médico-social. Là encore, c'est d'une vision en surplomb de l'organisation qu'a besoin le directeur pour assumer cette fonction. Il doit se donner les moyens d'être suffisamment en recul pour tenir cette position « méta ». Le directeur est ici convoqué à un travail permanent d'élucidation par lequel il mettra en évidence les facteurs d'influence qui pèsent sur l'action.

Autour du directeur, les multiples figures de contractualisation forment comme les pétales d'une marguerite. Chaque pétale est une zone de contrat. Le directeur relie ces espaces entre eux comme le fait le pistil de la fleur. C'est finalement un destin assez poétique pour le directeur de remplir cette fonction de « cœur de la marguerite » ! Mais attention, il s'agit d'une position qui relie tout en maintenant en tension ces différentes formes contractuelles. Le directeur doit veiller à ce que la fleur ne devienne pas une « toile d'araignée », c'est-à-dire un treillis qui enferme en rendant toutes les logiques contractuelles dépendantes les unes des autres. Maintenir les espaces contractuels en tension, c'est éviter l'aliénation de l'un par l'autre.

Ces réflexions font explicitement référence à l'approche systémique des organisations. Il semble difficile de concevoir la fonction de direction autrement que selon une logique systémique.

Dans le contexte social, économique, culturel et politique qui est le fond de tableau de ces pages, contexte dans lequel évoluent les établissements et services sociaux et médico-sociaux, tout tend à faire système. À tel point qu'il est de plus en plus difficile d'isoler les phénomènes les uns des autres, qu'il est impossible de les percevoir autrement que par leurs intrications. Tout semble mêlé, tout bouge en même temps sans savoir où sont les facteurs déclenchant, ce qui est cause et ce qui est conséquence dans cet imbroglio d'effets croisés. C'est « l'effet papillon », mais tout le monde joue le rôle du coléoptère... et chacun a l'impression de vivre dans un ouragan dont personne ne sait qui porte la responsabilité des phénomènes. Le travail du directeur est ainsi inscrit dans une dimension très interculturelle qui croise du management, une approche philosophique, l'analyse des politiques publiques et bien d'autres formes.

Il est impossible d'envisager l'établissement ou le service social et médico-social hors de ces interactions fortes. La structure est un élément d'un système, prise dans ses effets et agissant sur lui :
- Elle dépend des politiques sociales qui définissent les dispositifs publics d'intervention dont découlent les missions d'utilité sociale et d'intérêt général qui lui sont dévolues. Mais la structure, par la manière dont elle met en œuvre ce dispositif, interagit avec l'ensemble du système et contribue à le modifier.

- Elle dépend de son environnement territorial immédiat et des ressources qui s'y présentent, des liens qui s'y tissent, etc., tous éléments qui impactent la façon d'être et de fonctionner de l'organisation. Mais la structure constitue également une ressource pour son environnement et participe à sa configuration.
- Elle dépend des liens partenariaux qu'elle tisse avec ses réseaux (professionnels, administratifs, économiques...) et qui modèlent sa forme, son rôle, son influence, etc. Mais la structure agit en retour sur la construction des réseaux, elle les influence.
- Beaucoup plus largement, tout établissement ou service social et médico-social est inséré dans un système social et s'y trouve configuré tout autant qu'il contribue, réciproquement, à le configurer.

Diriger un établissement avec la conscience qu'il ne s'agit que d'un élément d'un système global, d'une « méta machine », colore de manière tout à fait significative la conception du rôle et de la fonction de directeur. En effet, selon cette perspective, il devient plus délicat de se référer à des modèles anciens fondés sur le leurre qu'il est possible au « chef » d'être « seul maître à bord ». Le collègue qui s'assiérait dans le fauteuil de direction avec une telle visée tomberait très vite de son piédestal mythique. Tout vient rappeler quotidiennement au directeur qu'il n'est pas seul et qu'il est de plus en plus dépendant du système environnant.

Un directeur pris dans un système ne perd pas tout pouvoir sur l'organisation, il abandonne simplement l'illusion de pouvoir tout y faire seul et de s'affranchir des stratégies et des alliances devenues indispensables.

La visée systémique ne démobilise pas, elle décentre. Elle ne relativise pas toute chose en la rapportant à la complexité des effets qui rendraient impuissant tout dirigeant. Elle oblige à faire un pas de côté, un décentrement, qui permet d'envisager plus globalement les enjeux. Elle est une des meilleures pistes théoriques qui protège du risque de la toute-puissance.

# Chapitre 2

# Tenir une position d'expert

**Le directeur est un ingénieur**

Aujourd'hui, l'intervention sociale est exclusivement centrée sur la réponse aux besoins singuliers de l'usager. C'est du moins ce que voudraient faire croire les rhétoriques politiques, législatives et cliniques. Il n'est pas certain que ce discours opère immédiatement un effet sur les formes structurelles et opérationnelles de l'intervention.

Une fois encore, la réalité est bien plus complexe. Nous assistons à l'articulation d'au moins trois sphères d'influence :
- Une première sphère est constituée par le dispositif d'action : le cadre légal et plus largement normatif, les moyens économiques investis, les réalisations concrètes. Cette sphère représente les éléments structurels de l'intervention sociale ;
- Une seconde sphère est constituée par les projections portées sur les situations sociales à traiter : les diagnostics posés, les projets d'action, les visées des prises en charge ou des accompagnements, les déclinaisons cliniques des dimensions éducatives, thérapeutiques et pédagogiques du travail social. Cette sphère représente les éléments d'expertise de l'intervention sociale ;
- Une troisième sphère est constituée par les demandes directes ou indirectes des bénéficiaires : besoins exprimés, revendications, sollicitations, désirs. Cette sphère représente les éléments subjectifs portés par les usagers de l'intervention sociale.

Ces trois sphères s'entrecoupent, créant des zones de recouvrement plus ou moins importantes :
- Les désirs des usagers ne trouvent pas toujours à se réaliser dans les structures existantes. Nous sommes alors devant un besoin non satisfait par l'offre ;
- Les projets des professionnels ne recoupent pas forcément les attentes des bénéficiaires. Il y a alors clivage entre indication et demande ;
- L'offre structurelle ne répond pas systématiquement aux volontés d'intervention des équipes, par manque de moyens ou pesanteur des institutions. Cet écart met en valeur les problèmes sociaux ou médico-sociaux non couverts ;
- Les structures viennent parfois combler une requête des personnes en difficulté mais sans que les experts du social n'y voient de pertinence. Cette position illustre le risque que représente la transformation de l'usager en consommateur ;
- Les travailleurs sociaux peuvent, de leur côté, imaginer des interventions qui ne recouvrent pas les souhaits des publics visés. Cet aspect nous rappelle, si besoin était, qu'une alliance entre professionnels et usagers est indispensable à toute mise en œuvre d'une action sociale ou médico-sociale ;
- Quand les trois sphères se recoupent, c'est une position idéale dans laquelle il existe une congruence entre les éléments structurels, les dimensions d'expertise et les aspects subjectifs. Ces trois dimensions se combinent positivement entre elles, c'est le niveau d'excellence d'une action sociale adéquate et pertinente.

Ce qui complique les choses, c'est que ces trois sphères ne sont pas stables. Elles sont mobiles, les éléments qui les constituent évoluent. Elles peuvent chacune être de taille variable selon les moments, les consensus sociaux et les contextes qui les définissent. Il résulte de cette mobilité des formes une grande instabilité qui ne permet pas de fixer une fois pour toute la légitimité de l'intervention sociale. Finalement, l'articulation complexe de l'offre, de l'indication et de la demande confère une forme toujours provisoire à la mission d'un établissement ou d'un service social ou médico-social. Le projet est sans cesse à remettre sur le métier pour le redéfinir, le recaler au croisement des trois sphères, ou le plus possible au centre de leurs intersections.

Cette analyse de la réalité qui utilise une image géométrique – ou la théorie des ensembles si l'on préfère les mathématiques – relativise un peu cette idée trop simple qu'il suffirait de placer l'usager au centre du projet pour bâtir une intervention sociale cohérente et légitime. En fait, l'intervention est toujours placée en tension dans les contradictions qui résultent à la fois de l'agitation des sphères associée à leur constant changement de formes et de l'imperfection de leurs recouvrements. Une véritable dialectique se crée entre les sphères, entre chacune d'elles à l'égard de chacune des deux autres mais aussi entre les trois sphères prises ensemble.

Le directeur, chargé de piloter un dispositif d'intervention dans ce contexte, aura plus d'intérêt à s'appuyer sur les contradictions en présence que sur les convergences trop fragiles et trop fluctuantes du système.

Le directeur est invité à passer de l'individualisation de la prestation à la politisation des contradictions.

C'est en effet une illusion d'optique de croire que les besoins valent tels qu'ils sont exprimés par les usagers, ou de penser que les structures recouvrent parfaitement les demandes ou encore que les indications posées par les professionnels sont en adéquation avec les deux autres sphères. Même la position centrale (le recouvrement parfait des besoins, des indications et de l'offre) réputée être le point d'excellence est une illusion.

Qui pourrait croire, si on analyse un peu, que les moyens investis dans l'action sociale ne visent qu'à répondre aux besoins ? Comment être persuadé que l'expertise des intervenants sociaux ne répond à rien d'autre qu'à des considérations sociales neutres et dénuées d'idéologie ? Pourquoi se satisfaire des demandes des usagers sans y décrypter les stratégies sous-jacentes ?

L'analyse des tensions qui entourent la soi-disant réponse aux besoins des usagers placés au centre du dispositif invite radicalement le directeur à une politisation de la question. C'est à ce prix qu'il intégrera les dimensions sociétales de sa posture. C'est à ce prix qu'il situera sa fonction là où elle peut être comprise : au cœur de la cité, de ses contradictions et de ses enjeux.

En effet, le directeur qui n'élève pas la compréhension qu'il a de sa posture et de sa fonction au niveau des enjeux politiques court le danger de n'être qu'un agent au service de l'institution qu'il dirige et non un acteur qui lui donne sens.

Le directeur est un ingénieur qui articule la complexité des sphères structurantes de l'intervention sociale. L'ingénierie est un acte de création, pas une simple exécution. Agent d'exécution ou acteur d'un projet ? Il faut choisir.

Ce choix ne relève pas uniquement de l'inclinaison idéologique des personnes chargées d'assumer ce rôle. Ce choix suppose une analyse stratégique précise qui, selon les domaines d'intervention, va déterminer la manière dont les dimensions s'articulent – font système – pour configurer l'action et donc la manière adéquate d'occuper le poste de directeur. Ce choix suppose des prises de positions qui ne résultent pas uniquement des contraintes mais aussi des ambitions politiques du directeur, de la manière dont il envisage son rôle de responsable.

La « technocratisation » du travail social tend à réduire les ambitions. La constitution d'un dossier de réponse à un appel à projet, une demande de subvention, le renseignement d'un indicateur médico-social, la construction d'un budget prévisionnel, l'élaboration d'un plan de formation, toutes ces démarches tendent à se standardiser sous le double impact de l'exigence de conformité des administrations et de la recherche de performance des organisations. Plus nous avançons dans cet univers technicisé, plus nous pensons qu'il n'y a qu'une « bonne » façon de faire. Ces pratiques vont à l'encontre de la fonction d'ingénierie. Elles ne sont pas créatives mais reproductives. Elles reproduisent des modèles et ruinent l'inventivité.

L'ingénierie s'appuie sur la notion de projet. Il en sera question dans le dernier chapitre, il ne s'agit pas de prolonger l'action sur la base de ce qui se fait déjà mais de la projeter en déviant de l'axe de la reproduction pure et simple.

L'ingénierie d'un dossier de réponse à un appel à projet, ou de réponse à un appel d'offre, consiste à utiliser le support normalisé pour légitimer de nouvelles manières de procéder. L'ingénierie d'une demande de subvention supposera d'aller aux limites du cadre de financement pour valider le caractère innovant du projet. L'ingénierie appuyée sur les indicateurs médico-sociaux consistera à extraire des résultats quantifiés les tendances qualitatives qui « qualifient » l'action (c'est-à-dire qui mettent en valeur ses qualités, sa plus-value). L'ingénierie d'un budget prévisionnel ne se contente pas d'assurer les conditions de pérennité du projet mais de faire évoluer la structure budgétaire pour faciliter l'adaptation de l'intervention à l'évolution des besoins. L'ingénierie du plan de formation porte en elle la dimension prospective et anticipatrice que développe l'organisation. Ces exemples illustrent ce qu'est la dynamique créative dans laquelle s'inscrit le « directeur-ingénieur ».

Mais l'affaire ne s'arrête pas à ces considérations. Il faut encore relier cet acteur particulier qu'est le directeur d'un établissement ou d'un service social et médico-social aux autres acteurs de son équipe. La tentation est toujours grande de s'approprier le travail des membres de l'équipe que l'on a dirigé au cours des phases d'ingénierie. Combien de fois c'est le seul directeur qui est remercié pour le travail collectif accompli. Les plus polis rappellent simplement que la réalisation est le fruit d'un travail d'équipe…

Le directeur n'est pas un surhomme. D'une part il ne peut tout faire seul. D'autre part, il lui faut résister au fantasme d'avoir tout fait lui-même, ou au moins d'être l'acteur le plus important qui a permis l'action.

Toute création est œuvre collective. Elle associe de manière complexe tous les acteurs concernés. Paradoxalement, même les collègues les plus résistants, les plus opposants, contribuent à la réalisation de l'action. Limiter ou refuser est en effet une contribution au système. Ce serait trop simple de ne s'intéresser qu'aux collaborateurs qui coopèrent ou aux équipes qui gagnent.

Le directeur qui ne prend en compte que les « performants » de l'équipe ne s'intéresse pas au collectif, juste à ceux qui le servent. Toute création est œuvre coopérative à condition qu'elle prenne en considération le collectif dans toutes ses composantes. C'est le prix à payer d'une ingénierie qui s'appuie sur les tensions et les contradictions pour être créatrice.

**Le directeur est un auteur**

Être auteur, c'est répondre de ce que l'on fait… Répondre est un verbe d'action étymologiquement proche du concept de responsabilité. Répondre de ce que l'on fait, c'est ne pas se dérober. Impossible de jouer à « souffler n'est pas jouer », il faut sauter ! (Cf. introduction).

C'est dans le registre de l'éthique que doit d'abord être convoquée la responsabilité. Cela est de toute première importance à un moment où les questions de responsabilité ont tendance à se poser d'abord au plan juridique et plus particulièrement pénal. Avant d'engager la responsabilité civile ou pénale, la fonction de direction engage la responsabilité éthique de celui qui l'assume. Nous sommes ici dans la double dimension d'une éthique de l'engagement – éthique de conviction – et d'une éthique de la responsabilité. La première impliquant la seconde et réciproquement.

Pas de direction sans engagement personnel fort du directeur. S'engager c'est investir quelque chose de soi, de son destin, dans l'acte de diriger. C'est à ce prix, éminemment éthique, que le directeur occupera sa fonction, c'est-à-dire qu'il ne sera pas assis à côté de son fauteuil directorial. C'est sans doute un peu subtil de comprendre que la fonction de direction suppose d'être toujours un peu décalée d'elle-même – le fameux « pas de côté » de la position « méta » – et en même temps, d'être totalement « dedans », c'est-à-dire de l'investir pleinement. Ne pas se confondre avec sa fonction est la condition de l'humour dont nous parlera Patrick Martin dans la postface. L'éthique de direction impose cet engagement inconditionnel. C'est pour cela que revient régulièrement l'inadéquation du contrat de travail de droit commun à la fonction de directeur. Certains réclament la reconnaissance d'une « clause de conscience » qui garantirait les conditions d'une rupture quand le contexte ne permet plus, de la part du directeur, son engagement plein et entier dans ses missions. L'évolution du Code du Travail qui introduit la rupture conventionnelle du contrat de travail vient partiellement combler ce manque. En effet, quand un directeur estime ne plus pouvoir occuper la totalité de ses missions, s'investir dans toutes les dimensions de sa fonction, du fait de contraintes extérieures à lui, il doit pouvoir remettre en cause le lien de subordination qui le lie à son employeur. C'est là, parmi d'autres, une des conditions de l'engagement qui est le socle de la responsabilité.

Car cette éthique de l'engagement est complétée par l'éthique de la responsabilité. La responsabilité ne consiste pas simplement à être celui qui décide de tout. C'est beaucoup plus important que ça ! La responsabilité consiste à assumer totalement les décisions. Que ces décisions soient prises directement ou par délégation. Être responsable, c'est répondre de tout ce qui se fait (ou ne se fait pas) dans l'organisation. Vaste programme…

La responsabilité du directeur ne peut donc se limiter aux quelques grandes déclarations d'intentions qui précèdent. Elle suppose d'engager toute une organisation qui permet à cette responsabilité de fonctionner, de se déployer, d'être une réalité. Cela suppose donc un rapport clarifié aux missions et au projet de l'établissement ou du service, une interaction maîtrisée et constructive avec l'environnement, une organisation signifiante des fonctions et des délégations, un système d'information pertinent et cohérent, etc. Bref, les conditions de l'engagement de la responsabilité du directeur passent par l'ensemble des aspects évoqués dans le présent ouvrage.

De plus, il ne s'agit pas que le directeur assume seul la responsabilité. Il doit s'inscrire dans une chaîne de responsabilités qui convoque, à chaque niveau, la responsabilité de chacun. De la capacité des représentants de l'organisme gestionnaire de l'établissement ou service social et médico-social jusqu'à l'acteur de terrain qui est quotidiennement au contact de l'usager, chaque acteur doit assumer sa responsabilité. Cela suppose :
- Que chacun soit au clair avec son niveau d'engagement : Nous ne pouvons pas éviter que la responsabilité soit d'abord une affaire personnelle. Elle mobilise l'individu dans son sens moral du rapport aux autres, à lui-même et à son environnement. Le directeur, sur ce point, va porter le souci constant de motiver chaque acteur.
- Que chacun soit placé dans les conditions lui permettant d'assumer sa responsabilité : La responsabilité ne peut s'exercer qu'en situation de pleine maîtrise de ses actes. La contrainte est un antonyme de la responsabilité. Cela suppose, notamment, un large partage de l'information. Il est clair que la confiscation d'informations par le directeur, tant à l'égard du Conseil d'Administration que des salariés, nuit au développement de la responsabilité des acteurs.
- Que chacun connaisse l'enchaînement des responsabilités : Non seulement les acteurs doivent être au clair avec eux-mêmes et exercer leur fonction dans un contexte propice à la prise de responsabilités, encore faut-il qu'ils sachent se situer par rapport aux autres. C'est un rôle central du directeur que de toujours permettre à chacun de se situer sur l'échiquier institutionnel, de se repérer dans toutes les interactions institutionnelles.

Il ressort de ces trois points que la responsabilité n'est, en aucun cas, une usurpation des places. Tout au contraire, la responsabilité introduit la question de la reconnaissance de l'autre. C'est un jeu partagé qui est loin d'être à somme nulle. Plus la responsabilité est distribuée, plus elle se développe.

La responsabilité ça ne se délègue pas. Autrement dit, à aucun niveau de l'organisation il n'est possible de se défausser de sa responsabilité, sauf à faire courir un risque toxique à l'institution. Déléguer une tâche à un subalterne engage la responsabilité du délégant tout autant que du délégué. C'est en ce sens que le « Document Unique de Délégation », rendu obligatoire pour tout directeur d'établissement ou service social et médico-social, ne semble pas judicieusement interprété quand il est dit qu'il précise les « délégations de responsabilités ».

Nous voyons donc que la responsabilité recouvre à la fois des dimensions personnelles et sociales, qu'elle repose sur l'engagement individuel mais se développe dans des interactions. Selon ce système à double détente, le directeur est mobilisé pour être l'animateur de ces interactions, mais cela suppose qu'il soit personnellement au clair avec sa propre posture individuelle d'auteur. Pour l'individu directeur, cela signifie qu'il doit être en phase avec sa vie, qu'il doit vivre au bon rythme, à la bonne heure, au bon endroit. D'autres diraient trivialement qu'il se sente « bien dans ses baskets ». Ce n'est jamais simple à vivre au quotidien tant les pressions qui s'exercent sur le directeur sont fortes.

Le directeur doit donc trouver les moyens de se positionner à la bonne distance des choses, des phénomènes et des personnes, ni trop près – cela entraîne une relation d'immédiateté préjudiciable – ni trop loin – cela entraîne une relation déphasée de la réalité. Entre recul et implication, c'est dans une « juste proximité » que le directeur doit savoir et pouvoir se placer :
- Juste proximité aux fonctionnements, il en assume la responsabilité et reconnaît son implication dans ce qu'ils sont et ce qu'ils produisent, travaillant sans cesse à leur évolution. Cependant, il ne s'approprie pas l'organisation,

ce n'est pas « sa chose », ni même son « œuvre », il reste conscient que tout cela est une affaire collective.
- Juste proximité aux personnes, il lie son destin à celui de son équipe de travail, engagé à leur côté, avec eux. Il lie également son destin à celui des usagers de l'établissement ou du service parce que le travail social s'inscrit dans cette aventure humaine de la solidarité. Cependant, il ne se situe ni dans une relation fusionnelle ni dans le jeu enfermant des compromis/alliances qui lui ôteraient toute marge de manœuvre, toute indépendance de jugement.
- Juste proximité à l'environnement, il est enraciné en pleine terre, là où se trouve l'établissement ou service social et médico-social, dans un ensemble riche d'interactions sociales, économiques, politiques, culturelles... Cependant, il conserve une position de recul par rapport à ces enjeux qui peuvent vite se révéler aliénants. C'est à cette condition que le directeur peut être acteur dans son environnement.

**Le directeur est un acteur**

Ingénieur capable de concevoir une intervention sociale, auteur capable de répondre de ses actes et de ce que produit l'organisation, le directeur est un acteur placé au cœur d'un dispositif complexe de production.

La fonction de direction s'inscrit dans un processus particulier de transformation de ressources qui part de la matière première que constitue une politique sociale et aboutit au produit fini qu'est la prestation d'aide sociale en passant par différentes phases du dispositif d'intervention sociale.
- Le gisement de matière brute, c'est le producteur de ressources. Il s'agit de l'autorité qui délivre l'autorisation, qui définit la mission dans le cadre des politiques publiques relevant de sa compétence et alloue en conséquence les moyens nécessaires à son accomplissement.

- Le transformateur de ressources, c'est l'établissement ou le service. Il s'agit d'un ensemble constitué de l'organisme gestionnaire et de ses représentants, de l'équipe d'encadrement et de son directeur. C'est à ce niveau que la ressource apportée à l'établissement ou service social et médico-social est transformée en un projet d'action.
- Le producteur du service c'est l'équipe professionnelle de terrain. C'est là que se concrétise l'intention initiée par les décideurs politiques et transformée par le projet des dirigeants.
- Le consommateur des ressources, c'est l'usager, bénéficiaire in fine de la prestation, de l'accompagnement ou de l'aide.

Les interactions dans cette chaîne de production/transformation sont particulièrement complexes. Cette chaîne ne présente pas une parfaite continuité. Elle est marquée par des ruptures entre les niveaux de fonction, des discontinuités de logiques qui perturbent le bon ordre de cette marche en avant idéale qui voudrait que de la décision politique à son application il n'y ait pas de distorsion. Un trop parfait ajustement entre les éléments de la chaîne menace chaque partie d'être inféodée par le niveau qui la précède. Pour le dire d'une autre manière, l'absence de jeu entre producteur / transformateur / prestataire / bénéficiaire menace l'autonomie des acteurs. C'est tout le débat qui porte sur le statut des associations d'action sociale : sont-elles les simples exécutantes des décisions publiques en matière d'intervention sociale ou disposent-elles d'une autonomie politique portée par leur projet ?

Nous pouvons identifier qu'une trop forte alliance entre deux maillons de la chaîne se fera toujours au détriment des autres. L'alliance entre autorité de contrôle et établissement met à distance les professionnels, les rejetant vers les usagers. Une collusion trop forte entre représentants de l'organisme gestionnaire et professionnels risque de fermer le système de production sur lui-même et de provoquer un effet de boite noire à l'égard des usagers qui se trouvent ainsi mis à l'écart du processus.

Le directeur doit impérativement porter une vision de ce système dans ses continuités et ses ruptures, dans les alliances et mésalliances qui le constituent. Il doit avoir conscience qu'il en est un des éléments, mais un élément majeur. Placé au cœur du processus, il prend les moyens de rester en recul pour analyser les postures des acteurs, les effets produits par les liens entre chaque niveau, et surtout, prendre la mesure de ce que tout cela induit sur les usagers.

En tant qu'acteur, le directeur est un relais. Il facilite la transmission des ressources et leur transformation à chaque niveau de l'organisation. Il est un conducteur des énergies qui traversent et structurent le dispositif. C'est en ce sens qu'il joue un rôle central car il est au poste d'aiguillage et toute erreur en ce domaine risque d'orienter les ressources sur des voies de garage au lieu de leur permettre de cheminer vers leur destination, l'usager. Mais plus grave qu'une erreur d'orientation dans le traitement des potentiels, l'annulation des ressources (gaspillage, détournement, confiscation, destruction) menace la survie de l'organisation.

Le pouvoir dont est investi le directeur l'expose au risque de confisquer ou de détourner les ressources qui circulent. Il peut même le faire à son profit ! Chacun a en tête des situations où le directeur est plus soucieux de son image et de sa carrière que de la qualité des actions menées auprès des usagers. Quelques affaires ont même défrayé la chronique. Certains niveaux de vie somptuaires de cadres dirigeants se mènent au détriment des usagers. Au pire, les détournements des ressources ont conduit à de véritables détournements de fonds et malversations de gestion qui ont fini leur cours dans les prétoires, ruinant la réputation d'un secteur duquel on exige à bon droit qu'il soit parfaitement intègre eut égard à la noblesse de ses missions.

Toute la question est de savoir comment le directeur peut se maintenir dans cette posture du « relayeur » et éviter le détournement des ressources. Bien sûr, il ne s'agit pas uniquement des cas les plus graves, mais de ces petits détournements quotidiens, souvent liés à des intérêts locaux ou personnels, qui altèrent la dynamique et amenuisent les ressources disponibles en fin de la chaîne de transformation.

Comme dans le jeu de basket-ball, le directeur ne doit pas conserver la balle. Il doit remettre le plus rapidement possible en circulation ce qu'il a reçu. Il doit recevoir et transmettre. Ces deux verbes sont peut-être les plus déterminants de ce qu'est une fonction de direction. Il ne peut pas bloquer les « actifs circulants » qui sont le carburant de l'institution sociale.

Si nous poursuivons la métaphore du sport d'équipe, pour « faire des passes », le directeur doit à la fois se positionner là où il faut sur le terrain et avoir toujours une claire vision de la position des autres joueurs. C'est bien de stratégie dont nous parlons.

Faire une passe, c'est réaliser une alliance entre deux acteurs. Mais cette alliance ne se limite pas aux deux protagonistes, elle est au profit de l'équipe et au service de la finalité du match. Chaque acteur est placé dans cette nécessité d'être un relais, de ne rien confisquer pour lui, de ne rien bloquer pour les autres, de ne pas immobiliser la partie. Il en est de même pour le directeur. Peut-être plus particulièrement que les autres « joueurs » de son équipe, il veille à la bonne circulation des enjeux, à la distribution du jeu, à la diffusion des atouts. Sa fonction d'aiguilleur et de régulateur des échanges institutionnels le porte à être particulièrement attentif à la circulation des flux, depuis la production de ressources jusqu'à leur utilisation par les bénéficiaires.

La fonction de direction impose donc de composer des alliances dont la finalité est de garantir la bonne circulation des enjeux institutionnels, des ressources. Il existe des « contre-alliances » qui visent à « confisquer la balle ». Celles-ci sont contraires à l'intérêt de l'organisation, contredisent la finalité du travail, gênent la transformation des ressources, limitent ou empêchent la bonne distribution des rôles. Ces contre-alliances sont en fait tous les actes de confiscation du pouvoir souvent caractéristiques des organisations mal ou imparfaitement régulées. Selon le schéma de transformation des ressources exposé ci-dessus, il faut savoir que la confiscation ou le blocage des ressources à un niveau se fait rarement sans la complicité du niveau immédiatement précédent. Les mauvais jeux d'équipe reposent trop fréquemment sur un jeu qui ressemble plus à « je te tiens tu me tiens par la barbichette » qu'à un véritable sport collectif. Le directeur qui confisque le pouvoir et les rôles à son seul bénéfice doit souvent rechercher des alliances qui lui permettent de le faire. Ces alliances ressemblent en fait plutôt à des aliénations où tout le monde se tient en respect… Ce qui n'est pas la même chose que de tenir une posture de respect à l'égard des autres membres du collectif de travail.

En fait, c'est toute la différence qu'il y a entre une conception descendante de la fonction de direction et une conception participative de ladite fonction. Dans la première acception, tout vient d'en haut pour aller vers le bas. Ce que le directeur laisse descendre en dessous de lui – les spécialistes du management appellent cela la délégation et le principe de subsidiarité – est alors vécu comme une perte de matière qui amenuise l'ampleur de la position. Le fait de confier des tâches à un niveau subalterne est assimilé à une perte de pouvoir, une menace pour l'autorité de la fonction.

À l'inverse, une conception participative de la fonction de direction s'appuie sur la délégation comme levier d'enrichissement de tous les niveaux de responsabilité. Celui qui délègue accroît sa responsabilité et développe la responsabilité du délégué. La vision participative mobilise le principe de subsidiarité comme le moyen de mieux faire circuler les dynamiques, chacun se sentant, à son niveau et dans son rôle, investi d'un véritable pouvoir d'action et de décision. Paradoxalement, tous ceux qui en font l'expérience peuvent en attester, cette forme de management n'appauvrit pas la fonction de direction mais lui donne plus de volume encore. Le fait de diriger une entreprise responsable dans laquelle chacun prend ses responsabilités est plus gratifiant pour le directeur que la direction d'une équipe soumise et déresponsabilisée – donc souvent démotivée…

Ces deux conceptions de la position de direction – descendante ou participative – impliquent deux types d'alliances diamétralement opposées. Caricaturalement, nous pourrions dire que dans le modèle descendant, c'est l'équipe qui supporte son directeur alors que dans le modèle participatif, c'est le directeur qui soutient l'équipe. Ces deux figures d'alliances ne produisent ni les mêmes effets, ni les mêmes organisations, ni les mêmes typologies d'acteurs.

# Chapitre 3

# Manager une organisation d'action sociale

**La fonction d'autorité : une question de dirigeance et de gouvernance**

À l'issue du chapitre précédent se trouvent mises en valeur deux conceptions de la fonction de direction qui, fondamentalement, supportent deux conceptions de l'homme. Cela permet de continuer à suivre la piste de la réflexion éthique en établissant un lien entre les conceptions managériales et les fondements ontologiques.

La vision descendante de la fonction de direction hypertrophie les tâches de contrôle dans la manière de diriger. En arrière-plan de cette stratégie émerge une volonté de maîtrise. Diriger ne s'appuie pas sur l'idée de développer les potentiels de l'organisation et de ses acteurs mais d'en limiter les effets. Ce qui prévaut alors, c'est le soupçon, l'autre étant d'abord perçu comme une menace avant d'être reconnu comme une opportunité. L'homme est une charge, non plus une ressource.

La vision participative de la fonction de direction met, quant à elle, l'accent sur les notions de liberté et d'implication. Elle fait le pari de l'intelligence des acteurs et de la capacité de chacun à être un contributeur positif au développement de l'organisation. Cette stratégie, opposée à la précédente, se fonde sur la confiance et le respect selon le principe que plus on fait confiance et plus on respecte les acteurs, plus ils sont en disposition d'apporter le meilleur d'eux-mêmes au projet collectif dont ils se sentent partie-prenante.

Ces deux conceptions sous-jacentes de l'homme qui traversent la manière de diriger ont des effets considérables sur la posture du directeur.

Dans le schéma descendant, le directeur est d'abord convoqué sur son exemplarité. Il constitue une sorte de modèle qui doit servir aux subordonnés à calquer leur comportement. Le « directeur exemplaire » est un lointain héritier des images pieuses du modèle de la monarchie de droit divin et de la sanctification par l'appel à l'imitation. La connotation religieuse qui traverse l'idée de l'exemplarité est évidente pour qui sait aller au-delà des apparences. L'exemplarité est inhérente au modèle descendant parce que c'est toujours du haut vers le bas que les « bons exemples » sont donnés. En effet, ce schéma de pensée comporte le fait que c'est par l'ascension que l'on s'améliore. Il s'agit là d'une ascension toute matérielle, celle de l'échelle hiérarchique. Le directeur a pu gravir les échelons parce qu'il est « meilleur » que les autres, c'est cela qui légitime le fait qu'il puisse prétendre être exemplaire.

Dans le schéma participatif, le directeur est d'abord convoqué sur sa cohérence. C'est la manière dont il va mettre – ou tenter de mettre – en cohérence les différentes facettes de sa fonction qui va légitimer sa position au regard des autres. Selon cette vision, diriger n'est pas une posture d'élite mais une fonction parmi d'autres, articulée aux autres, inscrite dans une interaction. Le « directeur cohérent » n'use pas d'une quelconque référence transcendante pour assoir sa position mais s'inspire plutôt des grands principes de la démocratie. Il n'est pas exemplaire – ce qui renvoie aussi à l'image du « bon père » – il est fraternel, c'est-à-dire inscrit dans l'aventure institutionnelle avec les autres, pas à la même place ni avec le même rôle mais sans aucun attribut de droit divin. Il n'est pas exemplaire, il est cohérent, cela change tout !

Derrière l'enjeu qui recoupe la conception du management et celle de l'homme, il y a la redoutable question du pouvoir. Le pouvoir est un élément indissociable de la fonction de direction. Il est cependant risqué de se livrer à un exposé savant sur cette question complexe, multiforme, qui renvoie autant à des aspects idéologiques qu'à des dimensions personnelles liées au vécu de chacun.

Même s'il est difficile d'en parler et que la littérature soit, sur ce thème, aussi abondante que contradictoire, il est incontournable que celui qui accède ou qui occupe une fonction de cadre dirigeant s'interroge sur son propre rapport au pouvoir. Quelques oppositions de mots peuvent tenter d'éclairer ce questionnement salutaire :

Le pouvoir peut se vivre comme un attribut ou comme une qualité. Dans le premier cas, le pouvoir se mérite au regard de talents personnels, essentiellement attachés à la personne du directeur. Le directeur qui se situe dans un « pouvoir attribut » peut s'enorgueillir d'avoir accédé à cette dignité du fait de ses aptitudes propres, indépendamment de son parcours professionnel, de ses compétences et de ses qualifications. Selon cette théorie, il y aurait une sorte de prédestination à être directeur. Les sélections à l'entrée des formations de direction devraient alors reposer exclusivement sur des tests de personnalité qui permettraient de révéler si le candidat dispose des mérites requis pour prétendre à la fonction. À l'inverse, le pouvoir vécu comme une qualité se situe dans un tout autre champ. Le « pouvoir qualité » se réfère à une place, un rôle, une fonction à tenir dans l'organisation. Il est générique, attaché à la position institutionnelle et non à la personne qui l'exerce, c'est-à-dire qu'il n'est pas, a priori, personnalisé Cela n'occulte pas le fait que la fonction de directeur est inévitablement « habitée » (Cf. la postface de Patrick Martin). Cette conception du pouvoir instaure une distance entre la fonction et celui qui l'occupe. Cette distinction est déterminante d'une véritable technicité de la fonction de direction. Le mode d'être du directeur n'est pas un préalable à l'occupation du poste mais une posture qui s'acquière au fil de l'expérience et des compétences acquises au travers d'un parcours de formation et de qualification, au prix d'une mise en travail permanente de sa posture personnelle. La qualification est inhérente à la qualité de cette forme d'exercice du pouvoir.

Le « pouvoir attribut » se possède alors que le « pouvoir qualité » s'exerce. Ces deux positions antagonistes ne produisent absolument pas les mêmes dynamiques dans la façon d'exercer le métier. La possession du pouvoir induit un certain immobilisme. Le « possédant » sera sans cesse sur le qui-vive, menacé par toute initiative qui pourrait venir entamer son capital. Bien entendu, ce pouvoir-là ne se partage pas car chaque délégation revient à se séparer d'une partie de sa possession et donc à amoindrir son propre pouvoir. Cette conception de la direction tend à fixer les choses, à fossiliser le directeur dans la préservation de son bien, à bâtir des forteresses au sein même de l'établissement ou du service pour préserver les positions conquises, parfois de haute lutte. L'exercice du pouvoir est d'une toute autre nature. Par définition, l'exercice est un acte dynamique, un mouvement, un flux. Exercer le pouvoir suppose que ce dernier ne soit pas trop rigide. Au contraire, il doit se montrer souple et évolutif pour s'adapter aux conditions d'exercice qu'impose le terrain. À l'opposé de la possession, l'exercice du pouvoir permet de le partager, il facilite la délégation. Cette opposition entre posséder le pouvoir et l'exercer se réfère à la différence radicale qu'il y a entre régner et gouverner.

Alors que le « pouvoir attribut » induit plutôt une approche en termes d'avoir, le « pouvoir qualité » ouvre à la dynamique de l'être. L'avoir place la fonction de direction dans la comptabilisation sourcilleuse de ce qui s'accumule. Le pouvoir est en stock et il faut veiller à ce que ce trésor ne s'épuise pas. L'avoir suppose que le pouvoir soit protégé, placé dans un coffre, un endroit où on ne pourra pas lui porter atteinte. Ce pouvoir-là n'est pas une construction mais un donné. Il est là, une fois pour toute, comme un objet stable et définitivement circonscrit. Le pouvoir pensé dans la perspective de l'être renvoie beaucoup plus aux flux qui traversent l'institution et lui donnent vie et forme. Ce pouvoir-là s'appuie sur les énergies disponibles pour se régénérer constamment au frottement de la réalité. Il convoque les acteurs et leurs mobilités, il ne fixe pas les choses mais les met en mouvement. Le pouvoir situé du côté de l'être ne se protège pas, au contraire, il s'expose et s'offre au regard. Il est soumis à la critique qui le fait évoluer, il accepte la contradiction qui le mature.

Toute la différence qu'il y a entre ces deux visions opposées du pouvoir, c'est que le « pouvoir attribut » renvoie à une position sociale alors que le « pouvoir qualité » situe le directeur dans le registre de la responsabilité largement développé plus haut.

De cet essai de distinction entre les deux conceptions du pouvoir exposées ici, il serait possible de conclure par une dernière opposition de termes. Du côté du « pouvoir attribut », qui vient d'essuyer toute une série de critiques en règle, serait-il possible d'identifier l'horrible visage du pouvoir ? Du côté du « pouvoir qualité », qui a fait l'objet de propos élogieux, serait-il possible de discerner la figure avenante de l'autorité ? Hélas, dans cette tentative de distinction sémantique, le dictionnaire ne se révèle pas très aidant. Les définitions données aux noms « pouvoir » et « autorité » mêlent habilement les deux termes, utilisant l'un pour illustrer une acception de l'autre et réciproquement. Il apparaît donc que la différenciation entre pouvoir et autorité soit plus liée aux racines des mots et à leurs étymologies qu'à leurs significations respectives. Il n'empêche qu'en appui aux analyses qui précèdent, la notion de pouvoir semble connotée assez négativement, même s'il convient de ne pas pousser le trait jusqu'à la caricature. Ce fichu pouvoir donne tellement de fil à retordre à ceux qui l'assument... Le concept d'autorité – qui renvoie à la notion de « directeur auteur » – semble moins entaché de défauts, il est sans doute plus neuf dans le langage managérial, il est finalement plus ouvert et plus adaptable aux contextes contemporains des établissements et services sociaux et médico-sociaux. C'est pour cela que l'usage du terme autorité peut être ici retenu comme une manière plus adéquate pour décrire une conception souple et participative de la fonction de direction.

Passer du pouvoir à l'autorité serait ainsi le chemin que devrait parcourir tout directeur acceptant de travailler sa posture. Il s'agit pour lui de se débarrasser des attributs, notabilités, dimensions exemplaires, possessions et honneurs d'une conception archaïque du pouvoir, liée à l'âge classique. Il s'agit pour lui d'accéder à des modèles renouvelés, ouverts et fluides d'une autorité qui s'exerce dans un contexte d'ouverture des organisations.

Exercer une fonction d'autorité renvoie à une double problématique : celle de la gouvernance d'une part, celle de la dirigeance d'autre part. Sans s'encombrer de définitions que chacun trouvera chez les bons auteurs, il est généralement admis de situer la gouvernance du côté des enjeux de participation au fonctionnement d'une organisation et la dirigeance du côté des méthodes de prise de décision pour suivre le cap fixé. La gouvernance va donc interpeller le directeur sur la manière dont l'organisation qu'il dirige est en mesure d'associer toutes les parties-prenantes afin qu'elles puissent s'exprimer et participer. Par exemple, la mise en œuvre du droit des usagers dans les établissements et services sociaux et médico-sociaux est un élément clef de la gouvernance. La dirigeance mobilisera le directeur sur la façon de conserver le cap au-delà des aléas de l'institution. Les vecteurs de communication, les instances stratégiques, la formalisation des projets et des processus sont autant d'outils référés à la dirigeance.

C'est sur ces deux registres que la fonction de direction est attendue. En effet, cela n'aurait aucun sens de passer toutes ses énergies à définir l'art de naviguer – la gouvernance – si au moins autant de forces ne sont pas consacrées à la nécessité de fixer et de tenir un cap – la dirigeance. Il ne peut y avoir de plein exercice de l'autorité par le directeur si un de ces deux aspects est occulté. L'image qui vient est celle de la barque dans laquelle tout le monde rame mais dans tous les sens – défaut de dirigeance – ou dans laquelle tout le monde pointe le doigt dans la direction à suivre mais aucun ne s'emploie à faire avancer l'embarcation – défaut de gouvernance.

## La délégation : une question démocratique

Le directeur d'un établissement ou service social et médico-social n'est pas le chef d'un gouvernement démocratique. D'une part il n'est pas élu, d'autre part, une institution sociale n'a rien à voir avec un État. Sa légitimité, le directeur ne la tient pas d'un scrutin mais d'un contrat de travail et d'un document de délégation précisant l'ampleur de ses responsabilités. Quand il est fait allusion à la démocratie dans la manière de gérer un établissement ou un service, c'est aux principes que l'on se réfère, pas au système politique désigné sous ce terme. En France, il est même fait plus précisément référence aux grands concepts issus de la Révolution française et aux textes de référence qui en découlent, la déclaration universelle des droits de l'homme et les préambules des constitutions républicaines qui ont poursuivi sa déclinaison.

Affirmer que diriger est un acte démocratique, c'est prendre position dans le débat qui entoure les multiples références théoriques des écoles de pensée du management. La position prise ici est d'ordre politique. Elle n'affirme pas d'abord un choix technique quant aux méthodes utilisées, elle se situe dans le registre éthique et philosophique pour fixer un horizon au mode de dirigeance choisi. Ce n'est que dans un second temps que ce choix sur la finalité de la fonction de direction se déclinera dans des modes opérationnels. La méthode de direction proprement dite découle ainsi du sens dont est investie la fonction. C'est essentiel. Nous sommes trop habitués à procéder de manière inverse et à ainsi laisser les choix de méthode guider nos prises de position. Diriger est d'abord affaire de choix, autant référer ces choix à une philosophie politique explicite. Dans ces lignes, c'est la référence à la conduite démocratique des organisations qui est privilégiée. Selon les chapitres, cette option se dit au travers de différents termes : « direction participative », « direction éthique », « direction démocratique ». La relative imprécision sémantique révèle simplement le souci de ne pas trop délimiter les contours de ce mode de direction mais plutôt, par touches successives, d'en esquisser les espaces que chacun pourra compléter et affiner à sa guise.

Diriger n'est pas un acte démocratique en soi. Il ne suffit pas de définir la finalité pour que le chemin suivi y mène inéluctablement. Le rapport entre fins et moyens suppose une mise en adéquation des méthodes et du sens qu'on leur donne. À aucun moment il n'y a rupture entre ces deux composantes indissociables de l'action. Ce n'est pas parce qu'il est affirmé que le sens doit précéder les méthodes que les unes et les autres pourraient être différenciées. C'est simplement un ordre de priorités qui est donné, pas une prédominance de l'un sur l'autre. Fins et moyens se développent ensemble, selon deux lignes étroitement tressées l'une avec l'autre. C'est pour cela qu'il est déterminant de préciser les conditions techniques qui favorisent le déploiement d'une méthode de direction inspirée des grands principes de la démocratie.

Un premier principe concerne le processus de prise de décision. En règle générale, la délibération est l'acte qui précède la prise de décision et qui doit, dans la mesure du possible, associer largement toutes les parties prenantes. Cela ne doit pas alimenter des palabres infinis sur tout – et souvent dans ce cas, surtout sur les détails – et des débats qui brouillent le repérage clair des places et des rôles, de toutes ces différenciations qui font l'organisation. La délibération ne doit pas conduire à cet excès où la participation absolue ne permet plus la moindre décision sans un protocole lourd et long qui immobilise tout. Il est cependant essentiel de poser quelques repères favorisant la confrontation des points de vue et définissant les lieux, les temps et les formes des débats.

Un second principe démocratique concerne la justification des décisions prises. Certaines décisions ne font pas toujours l'objet d'un débat préalable, d'autres sont la résultante de véritables concertations, des décisions sont parfois prises envers et contre les positions majoritaires qui se dégageaient de la délibération. Toutes ces décisions, quelles que soient les conditions dans lesquelles elles ont été prises, doivent faire l'objet d'une motivation. Celui qui a tranché doit expliciter les raisons qui justifient ce choix. Motiver toutes ses décisions ne revient pas, pour le directeur, à rendre des comptes à ses subordonnés – ce qui serait institutionnellement toxique – mais à expliquer, à donner aux acteurs les moyens de comprendre. Il ne s'agit pas de les convaincre, juste de motiver la décision. Cette obligation morale de motiver toute décision aux yeux de ceux qui sont concernés est un attribut central de la démocratie. Elle empêche que les choses soient le fait du prince.

Un troisième principe peut sembler paradoxal : le fonctionnement démocratique d'une organisation suppose un pouvoir central fort. Une autorité faible du directeur laisse place à toutes les dérives des contrepouvoirs et à la menace de putschs sauvages qui ruinent l'ordre institué. C'est la force du pouvoir central, clef de voûte de l'organisation, qui « tient » le fonctionnement démocratique. Le terme central ne signifie pas un retour au centralisme – fut-il démocratique ! – mais un lieu où est clairement identifié l'exercice ultime de la prise de décision et l'engagement définitif de la responsabilité. Central ne signifie pas inéluctablement « une seule tête ». Des expériences de présidence conjointe d'association existent et font leur preuve (il peut s'agir, par exemple, d'une présidence homme/femme). Plus rarement, des « co-directions » se cherchent actuellement comme mode innovant d'entreprendre, ces expériences se développant plutôt dans le champ de l'économie sociale et plus fortement dans la famille des coopératives (sociétés coopératives ouvrières de production...). Central signifie en dernier ressort et ce n'est pas incompatible avec les principes de la démocratie, au contraire, c'est le moyen d'éviter une diffraction de l'autorité. Ce principe ne porte pas préjudice aux principes de délégation, de subsidiarité, de partage du pouvoir, etc. Ces notions nous ramènent à l'image essentielle de la clef de voûte : la fonction de direction tient ensemble les dynamiques en présence.

Ces trois principes pourraient être complétés par d'autres tout aussi importants selon les points de vue. Ils constituent un socle pour une construction démocratique de l'organisation. Ce socle repose lui-même sur un fondement éthique essentiel : une éthique de la discussion.

L'éthique de la discussion suppose que le directeur, qui anime son équipe selon ce principe, s'interroge et cherche à comprendre les points de vue avant de défendre le sien. C'est le débat contradictoire qui prévaut. Cette ouverture empathique au regard de l'autre est un préalable à toute discussion. Cela ne signifie nullement que « tous les points de vue se valent » et que c'est pour cela qu'il faut tous les valoriser. Ce comportement risquerait de mener à la relativité absolue des positions et d'empêcher tout choix qui supposerait de trancher entre des avis divergents, donc d'en privilégier un ou quelques-uns. L'éthique de la discussion ne suppose pas l'aplanissement de toutes les divergences en une fade position d'unanimité de façade. La considération portée aux positions des autres consiste à mettre en exergue les différences, pas à les mêler en une mixture indigeste qui cherche à tout prix le consensus. La position d'empathie n'induit pas d'abdiquer ses propres convictions.

L'éthique de la discussion comporte donc une certaine acceptation de la conflictualité des relations. Le conflit n'est alors pas vécu comme un risque pour la cohésion du groupe mais comme le moyen de faire avancer l'intérêt général qui est tout, sauf la moyenne des intérêts particuliers. Il est toujours plus productif de travailler sur les désaccords que de se réfugier derrière des évidences de surface qui donnent l'illusion d'un consensus.

L'éthique de la discussion implique, pour le directeur qui anime les débats, de porter une attention toute particulière à la participation de tous aux débats. Il doit s'assurer que chacun a eu la possibilité de s'exprimer, que sa parole a été entendue. C'est donc vers les acteurs les plus fragiles qu'il doit concentrer son attention. Parmi eux, bien sûr, les usagers qui sont souvent en situation de déficit quand il s'agit de prendre la parole, de participer. Mais cela concerne également certains groupes de salariés – par exemple les personnels des services généraux souvent relégués au second plan face à l'aisance verbale des travailleurs sociaux – voire des individus qui n'osent pas. Pour ce faire, le directeur doit être bienveillant et disposer de quelques méthodes d'animation mais cela ne suffit pas. C'est aussi en termes d'instances adaptées qu'il doit réfléchir pour favoriser la participation de tous. L'implication des acteurs, de tous les acteurs, passe aussi par des questions organisationnelles et le respect des modes d'expression de chacun. Par exemple, il est déterminant que les différents groupes disposent d'espaces propres où ils pourront élaborer collectivement une parole sans être aussitôt phagocytés ou annihilés par un groupe dominant.

L'éthique de la discussion reprend à son compte les principes de la démocratie participative exposés ci-dessus. La logique de débat et de délibération lui est inhérente. Le précepte incontournable de motivation et d'explicitation des décisions lui est indispensable. Le support d'une autorité légitime et reconnue est une condition nécessaire au bon développement des controverses. Ces manières de faire supposent que soient le plus clairement possible identifiés et distingués les espaces et les temps. L'espace-temps du débat n'est pas celui de la prise de décision. Les acteurs impliqués ne sont pas les mêmes, les modalités processuelles ne relèvent pas des mêmes registres, les modes de communication sont différents. Le moment de la mise en œuvre de la décision ouvre un troisième espace-temps totalement distinct des deux autres. Une fois la décision prise, on n'y revient pas, le débat est clos. Engagés dans la mise en œuvre concrète, les acteurs ne remettent plus en cause la décision, ils l'appliquent. C'est par la boucle rétroactive de l'évaluation qu'un retour sera opéré sur les effets de cette action. La mise en œuvre des décisions n'a de caractère indiscutable que dans le triptyque délibération/décision/évaluation (Cf. la postface de Patrick Martin).

La distinction de ces temps et de ces lieux est déterminante pour la bonne santé de l'organisation. Malgré ses doutes et ses hésitations, le directeur doit toujours porter leur différenciation.

La clarification tant des procédures que des espaces et des temps est une condition centrale pour éviter que tout ce système ne sombre dans une vaste opération manipulatoire. En effet, l'éthique de la discussion a la prétention de nous placer aux antipodes de la manipulation. Le but n'est pas de trouver des méthodes pour entraîner l'équipe dans les visées personnelles du directeur. Il n'est pas plus de mettre en œuvre des artifices qui font croire à une participation de chacun à la décision pour, notamment, empêcher toute contestation ultérieure. La perspective est de mobiliser l'équipe sur un projet commun issu des réflexions croisées. C'est la conscience des acteurs qui est recherchée, pas leur aveuglement par des stratagèmes aliénants. Les principes déontologiques selon lesquels le directeur conduit les opérations de conception de projets et de processus de travail est vital pour la santé de la démarche.

Dans ce processus, le directeur ne se défausse pas de sa responsabilité en remettant les conclusions des débats entre les mains des protagonistes. Il délègue, au moins en partie, le contenu du débat en en faisant une affaire collective. Délégation n'est pas démission. Déléguer, c'est créer les conditions de la mobilisation de chacun. C'est rechercher la responsabilité individuelle et collective et lui donner corps, notamment par une parole qui engage. Déléguer, c'est déconcentrer le pouvoir pour que chacun se sente partie-prenante. L'éthique de la discussion est le support irremplaçable de la délégation.

Ce dispositif de délégations guide toute la chaîne hiérarchique qui doit, en conséquence, respecter les niveaux de l'organisation. C'est un point souvent délicat de la fonction de direction. Le directeur ayant compétence hiérarchique sur l'ensemble des salariés de l'établissement ou du service social et médico-social, peut donc s'adresser directement à chacun pour donner ses consignes. Ces courts-circuits peuvent donner l'illusion d'être plus efficaces que de passer successivement, et dans l'ordre, par tous les échelons hiérarchiques. Cependant, le respect des intermédiaires détermine la qualité du fonctionnement d'ensemble et des relations saines dans l'institution. Ce principe de respect des cadres intermédiaires se heurte à une représentation – par ailleurs totalement erronée – qui circule autour des administrations. Le strict respect de la « voie hiérarchique », tant ascendante que descendante, fait figure de lourdeur et d'immobilisme. Cette règle contribue cependant de manière incontournable à assurer l'efficacité globale des organisations qui s'y réfèrent. Il s'agit bien que l'information, et a fortiori la consigne, passe par chaque niveau hiérarchique sans en court-circuiter aucun. Le but est que les strates soient toutes informées comme il se doit. Il n'est pas question ici des liens fonctionnels dont l'horizontalité ou le regroupement thématique ou encore les opportunités sont, au contraire, un gage d'efficacité et de pertinence du fonctionnement. C'est en matière hiérarchique que la « ligne » doit être suivie scrupuleusement. Sinon, cela revient à dire au cadre intermédiaire : « Je vous ai délégué des tâches et responsabilités qu'il vous revient d'assumer, sauf quand je décide seul de passer outre ! »

Les niveaux hiérarchiques, depuis la base (n+1, n+2, n+3, etc.) doivent se suivre selon cet ordre logique. Tout passage qui « saute » une case (par exemple de n+3 à n+1 sans passer par n+2) est une faute qui, à terme, invalide le dispositif hiérarchique et le jeu des délégations.

**La gestion des personnels : une question d'efficience**

Généralement, dans la culture du travail social, les représentations formelles de l'organisation à l'aide de schémas n'ont pas bonne presse. Il arrive encore d'entendre des arguments du genre « Ici tout le monde participe, on forme une équipe, pas besoin d'organigramme formel qui empêche la spontanéité ! » La clarification des lignes hiérarchiques, car c'est essentiellement à ça que sert l'organigramme, n'est pas toujours aisée dans des organisations où les cadres sont encore massivement issus d'une promotion interne, souvent anciens collègues de ceux qu'ils dirigent, parfois même quasiment adoubés par leurs pairs. Si l'on observe l'histoire hésitante des formations à l'encadrement dans le secteur social, la peine à construire des référentiels métiers, la rareté de définitions spécifiques de méthodes de management, cela nous renseigne sur la difficulté à faire émerger un corpus reconnu de compétences spécifiques. Pour illustrer cela, nous pouvons observer la succession des réformes du Certificat d'Aptitude à la Fonction de Directeur d'Etablissement Social (CAFDES), l'utilisation abusive du Certificat d'Aptitude à la Fonction de

Responsable d'Unité d'Intervention Sociale (CAFERUIS) pour occuper des fonctions de direction, les polémiques qui ont accompagné, à l'époque, les consultations de la Direction Générale de l'Action Sociale pour l'écriture du décret relatif à la qualification des directeurs d'établissements et services sociaux et médico-sociaux. Bref, la fonction hiérarchique ne relève pas de l'évidence dans ce champ d'activité.

L'instauration d'un organigramme est cependant un outil indispensable pour le directeur. Il permet de repérer les places de chacun, de clarifier les liens hiérarchiques et de donner ainsi une image cohérente de l'organisation.

Repérer les places revient à offrir à chaque collaborateur un espace de travail, situé dans l'ensemble du système. Une lecture restrictive de cette « mise en places » peut laisser croire que l'organigramme assigne les postes et aliène ainsi les acteurs en leur ôtant toute marge de manœuvre. C'est l'inverse. Se situer, c'est prendre ses repères dans l'organisation et par rapport à ses collègues. Il n'y a rien de plus perturbant que de ne pas savoir à qui rendre des comptes, de qui recevoir les consignes, avec qui réaliser les actions… Être situé c'est savoir où on est, être assuré de sa position pour pouvoir la tenir. Au lieu de réduire l'espace de travail, la définition des places et des rôles par l'organigramme définit les marges d'autonomie de chacun. Qualifier la nature des liens est également positif car clarifiant sur la ligne décisionnelle qui va du lieu supérieur de la prise de décision au lieu de sa mise en application en étalonnant toutes les places intermédiaires qui participent à sa mise en œuvre. Cette démarche ne limite pas les marges de manœuvre, elle les rend possibles. Elle empêche notamment que les espaces de travail soient confisqués au profit de quelques-uns et, toujours, au détriment des niveaux les plus bas de l'organisation.

De plus, clarifier en la définissant la ligne hiérarchique ouvre deux opportunités complémentaires. D'une part, cela permet de différencier les liens hiérarchiques et les liens fonctionnels et d'autre part, cela rend nécessaire la clarification des délégations par l'intermédiaire de fiches de définition de fonctions. Les liens hiérarchiques sont une condition nécessaire mais pas suffisante au bon fonctionnement d'une organisation. En effet, la seule définition des relations par le système d'autorité et de dépendance ne recouvre pas toutes les autres dimensions des liens qui permettent l'activité. Un dispositif où tout doit systématiquement passer par la hiérarchie est un système rigide, menacé d'inefficacité. Dessiner les relations et les compétences d'autorité par l'organigramme doit nécessairement être complété par une explicitation des liens fonctionnels. Il s'agit alors d'une description la plus précise possible des liens informationnels, des collectifs de travail, des relations collaboratives, des espaces d'échanges informels et formels, de tout ce qui fait la vie quotidienne de ces ruches que sont les établissements et services sociaux et médico-sociaux. C'est un complément logique de l'organigramme qui évite une construction trop univoque de l'organisation. De plus, l'organigramme hiérarchique, sous forme de schéma établissant toutes les interconnexions, ne suffit pas. Il convient de lui donner une épaisseur en détaillant les niveaux de responsabilité. La représentation des responsabilités à chaque strate de l'organisation et la définition des délégations qui partent du directeur vers tous les niveaux situés en dessous de lui confère un contenu explicite aux fonctions. Sans cet effort de précision, l'organigramme risque de n'être qu'une coquille vide. Cet approfondissement de la formalisation passe par des fiches de fonction – le terme « fiche de poste » semble moins adapté car il fait plutôt référence à une vision taylorienne du travail – pour chaque salarié. La fiche de fonction permet de vérifier périodiquement avec chaque collaborateur la plus ou moins bonne adéquation de la place visée (celle définie par la combinaison organigramme/description des délégations) et la place réelle (celle constatée par la hiérarchie et vécue par le salarié).

Mais la fiche de fonction va plus loin que le simple énoncé des délégations de responsabilité inhérentes à chaque niveau de l'organisation. Elle peut avantageusement traiter d'autres aspects du travail, toujours dans le but d'accroître l'efficience de chacun.

Permettre à chaque salarié de se situer dans l'organisation suppose que soit précisé son rôle au regard du projet d'établissement ou du service. En effet, il ne suffit pas de se placer vis-à-vis des autres collègues, il faut aussi situer cette place en référence aux actions menées, à la mission assumée, aux ambitions et aux valeurs de l'organisation. Cela est d'autant plus important que la fonction assumée est à distance du cœur de métier de l'institution. Autant un psychothérapeute fera sans encombre le lien entre sa fonction et le projet du Centre Médico-Psycho-Pédagogique où il travaille, autant il est plus difficile à un agent de cuisine de repérer son rôle dans un foyer éducatif ou à une secrétaire comptable de se sentir spontanément au centre du projet d'un Foyer de Jeunes Travailleurs... et que dire d'une femme de ménage dans un Centre d'Accueil pour Demandeurs d'Asile.

La fiche de fonction peut aller encore plus loin en explicitant les investissements sollicités dans la participation du salarié à la mise en œuvre du projet. Cela peut aller de la participation à des recherches, à l'accueil et au tutorat de stagiaires en passant par des groupes de travail sur des projets, des représentations dans des lieux extérieurs, etc.

Les modalités d'évaluation du contenu de la fonction peuvent être également détaillées dans la fiche de fonction. Cette disposition, écrite, permet, par exemple, de donner un statut à l'entretien professionnel et de compléter les dispositions légales qui entourent ces rendez-vous réguliers.

Une fois clarifiés les places et les rôles, chacun doit mieux savoir où il se situe ce qui lui permet alors de repérer ses marges de manœuvre. En effet, une institution, c'est comme un moteur, pour que ça marche il faut qu'il y ait du jeu (un moteur où les pistons n'ont plus de jeu dans les chemises où ils coulissent est « serré », c'est-à-dire hors d'usage). Laisser des marges de manœuvre à chaque fonction dans l'organisation n'est aucunement une menace pour l'ordre institutionnel mais une nécessité fonctionnelle. L'autonomie n'est pas un danger, elle conditionne la bonne marche du système. Tout est ensuite question de dosage, mais surtout, de contrôle des délégations. Le contrôle est la sécurité du système, sa régulation, sa facilitation.

Organigramme, fiches de fonction et documents de délégations trouvent leur place dans l'ensemble plus large qu'est le descriptif des processus structurants de l'organisation. Certains nomment « manuel des procédures » ce recueil des « façons de faire » et des « modes opératoires ». Sur ce sujet, une littérature pléthorique éclairera les plus curieux. Pour rester au niveau des interrogations qui forment la trame de ce livre, nous évoquerons simplement les enjeux de ces formalisations. Le but n'est pas de tout encadrer mais de faciliter les pratiques en leur donnant les repères nécessaires. Il ne s'agit pas d'enfermer le potentiel créatif des acteurs dans des modes opératoires étroits et contraignants. L'enjeu est d'éviter que chacun s'interroge à chaque moment sur ce qu'il convient de faire, cherche constamment avec qui et où faire les choses. Le but est de simplifier le quotidien pour donner du temps pour réfléchir. Il n'est pas question de tout mettre en procédures, jusqu'à mettre en codes les interactions entre acteurs. L'ambition d'un référencement des processus de travail devrait être justement de régler les questions simples des modalités opératoires pour ouvrir des espaces libres pour se rencontrer et se parler.

Le directeur qui a patiemment construit le mode opératoire de son établissement ou de son service en réalisant un organigramme clair, en écrivant des fiches de fonction et les délégations, en décrivant les processus et procédures, aura, au terme de cette démarche, à évaluer son œuvre. Le critère suprême qui lui permettra de vérifier la pertinence de sa construction sera la vérification des marges d'autonomie qui subsistent à chaque niveau de l'organisation et pour chacun des collaborateurs. L'évaluation des marges de manœuvre restantes une fois tout le processus de formalisation abouti n'est pas une affaire particulièrement complexe. Comme en de nombreux autres domaines, il suffit d'abord d'écouter les personnes. Que disent-elles de leur fonction, de leurs relations hiérarchiques, des liens fonctionnels qu'elles ont ? Il suffit également d'analyser quelques processus et de repérer les contraintes qui pèsent sur le salarié entre le début et la fin de l'action, les interférences entre niveaux et espaces de travail, les interdépendances qui limitent l'efficacité. Par exemple, la secrétaire constatant l'épuisement du stock de timbres qui doit passer par la comptable établissant un bon de commande qui doit elle-même s'adresser au directeur signant le chèque ne dispose peut-être pas de la marge de manœuvre requise pour assurer simplement et efficacement sa mission.

**La gestion des emplois : une question de prospective**

La tendance dominante est de faire de la Gestion Prévisionnelle des Emplois et des Compétences (GPEC) une affaire très technique alors qu'elle est une dimension extrêmement politique de la fonction de direction. Définir une GPEC, c'est fixer la politique générale de la direction. Quand les objectifs de la GPEC sont formalisés par un accord d'entreprise selon les niveaux d'obligation fixés par la loi, cette orientation politique prend le caractère d'un engagement fort sur lequel le directeur aura à rendre compte devant les Instances Représentatives du Personnel. Engagement politique, la gestion des emplois relève, là aussi, d'une dimension éthique. En effet, les emplois, avant d'être des fonctions référées à l'organisation, concernent des personnes, inscrites dans un parcours professionnel qui est aussi, et non accessoirement, un itinéraire de vie. La dimension humaine de la gestion des emplois ne peut être ignorée, c'est une évidence. Encore faut-il définir comment elle est prise en compte. Le risque est grand que le directeur, engagé dans une vision prospective, oublie de baisser les yeux sur la réalité « terre à terre » dans laquelle agissent ses salariés. Les exemples ne manquent pas de ces directeurs visionnaires qui, avec un temps d'avance, projetaient leur organisation vers l'avenir avec audace et détermination mais dont les projets se sont trouvés contrariés par les salariés qui ne l'ont pas suivi. La raison fréquemment avancée par les récalcitrants est : « Nous ne sommes pas respectés ». Si toute gestion des emplois suppose la projection des personnes dans l'avenir de l'organisation, cela ne peut se faire sans respect. Le respect suppose d'apprendre à attendre que les mentalités soient prêtes, associé à la détermination de les faire évoluer, de connaître la patience qui sait suivre les mouvements naturels des organismes et des groupes. Le respect se fonde sur la conviction que l'on ne change pas les choses seul mais en entraînant toute l'équipe dans l'aventure collective du progrès. Cette attitude suppose simplement que le but à atteindre ne soit pas fixé une fois pour toutes mais d'accepter qu'il évolue au gré des mouvements du groupe, de ses résistances et de ses enthousiasmes. Le respect, c'est un management par la reconnaissance. Reconnaître l'autre, fut-il un subordonné, c'est accepter qu'il vienne modifier mes vues, qu'il bouscule mes plans. Manager par la reconnaissance, c'est dire à chacun qu'il « compte » pour l'organisation et qu'il « pèse » sur son destin. Manager par la reconnaissance, c'est valoriser tous les rôles, c'est faire preuve de sollicitude.

La reconnaissance passe par la professionnalisation des positions. En effet, dans la notion de management par la reconnaissance, il n'y a aucun angélisme, aucune condescendance non plus. C'est bien de postures professionnelles dont nous parlons. En fait, le management par la reconnaissance repose sur la bienveillance. La bienveillance, c'est l'inverse du soupçon. La bienveillance, comme cela a déjà été dit dans un autre cadre, c'est considérer chaque collaborateur comme une ressource et non comme une charge. Être bienveillant c'est veiller positivement (bien-veiller) à ce que l'autre peut apporter de constructif et faire le pari qu'il dispose de richesses en ce domaine. La bienveillance aborde la réalité par l'angle des potentiels pour en révéler tous les possibles. Elle résiste à la tendance naturelle – possiblement sécuritaire – qui consiste à recenser peureusement tous les risques contenus dans les personnes, les faits et les situations et qui invitent à l'immobilisme stérile.

Pour permettre à chaque salarié de « donner le meilleur de lui-même » il faut, d'abord, le placer dans des conditions de travail qui vont favoriser cette libération de ses capacités. Un professionnel mal à l'aise dans sa fonction, insécurisé par son cadre de travail, incertain sur les conséquences de ses actes, inquiété par une hiérarchie qui semble plus menaçante que rassurante, fragilisé par les situations professionnelles dans lesquelles il est placé, déstabilisé par une insuffisance de formation, ne peut se sentir valorisé. Le management par la reconnaissance suppose la sécurisation des postures professionnelles. C'est à ce prix que la bienveillance dépassera le stade des intentions pieuses pour s'enraciner concrètement dans un véritable processus professionnalisant.

Cela suppose, ce point a été évoqué précédemment, une clarification pour le salarié de sa place et de son rôle (fiche de fonction, délégations formalisées, organigramme).

Cela suppose également de créer les conditions pour que le cadre de travail ne soit pas vécu comme insécurisant. L'expérience montre que quand le salarié est insécurisé, c'est souvent vers les usagers qu'il se retourne, ceux-ci étant désignés comme la cause de l'insécurité. Ce thème est fréquemment développé dans le registre de la violence des usagers, les troubles des personnes étant vécus comme susceptibles de se retourner contre les professionnels. La sécurisation passe dans ce cas par la possibilité offerte à chaque acteur de pouvoir analyser sa situation professionnelle, de ce qui s'y joue dans sa relation avec les personnes accueillies ou accompagnées. Les travaux de synthèse, les groupes d'analyse de la pratique professionnelle sont des dispositifs qui favorisent cela.

La formalisation des processus permet d'éviter l'insécurité dans laquelle sont plongés les salariés qui ne savent pas ce qu'il faut faire en fonction des cas de figure dans lesquels ils se trouvent. La prévision des situations, et donc la définition de la marche à suivre selon les cas, sécurise et rend prévisible la réaction de l'institution, notamment de la hiérarchie, devant les actes que pose le professionnel. Il sait si ce qu'il fait entre ou non dans le cadre de ce qu'il convient de faire. Mais ces processus doivent être définis avec le souci de préserver les marges de manœuvre évoquées plus haut. En effet, une définition trop rigide de protocoles qui enferment tous les actes professionnels dans une conformité étroite ne permettant pas l'ajustement aux situations singulières est également insécurisante. De fait, une marche à suivre trop stricte est une menace car tout écart, qui n'est en fait que l'intelligence d'une adaptation à la réalité, risque de devenir une transgression. Le salarié pris dans cette situation n'a que le choix de faire violence à l'usager en lui imposant des protocoles inadaptés ou de se faire violence en s'exposant au risque de la sanction.

La hiérarchie se conçoit comme une fonction support, destinée à « soutenir » (au sens propre comme au sens figuré c'est-à-dire à rendre soutenable et à supporter) la relation d'aide du professionnel envers l'usager. Si ce n'est pas le cas, elle devient facilement menace. Car au lieu d'être cette main tendue qui accompagne et soutient, elle devient le poing fermé qui fait peur ou inquiète. Le salarié qui se sent « attendu au tournant » ne peut donner le meilleur de lui-même. Il craint et tend donc naturellement à se protéger. Le concept de « pyramide inversée » permet de valoriser ce principe d'une fonction hiérarchique conçue d'abord comme étant au soutien des salariés, support de ceux qui sont au contact des usagers.

Les risques inhérents aux situations professionnelles dans lesquelles sont placés les salariés doivent être analysés avec une grande précision. D'abord parce qu'ils engagent la responsabilité pénale de l'employeur, dont le directeur est le représentant, mais surtout, dans ce qui nous occupe dans ces lignes, parce que l'insuffisance d'anticipation des situations à risque est un facteur fort d'insécurité pour les salariés. Elles doivent être envisagées pour être évitées ou, mieux, les gérer. Car toute situation professionnelle contient une part de risques, vouloir les éviter à tout prix conduit à des positions sécuritaires qui, à terme, sont toutes aussi insécurisantes.

Enfin, l'adéquation des niveaux de compétences et de qualification aux missions confiées aux salariés est un élément important de la sécurisation des postures professionnelles. La sous-qualification a des effets désastreux sur les salariés. D'une part, cela les met en échec ce qui est parfaitement contre-productif, d'autre part, cela risque de générer des attitudes professionnelles au mieux inadéquates, au pire, dangereuses pour les usagers qui leur sont confiés. Le plan de formation de l'établissement est un élément de la professionnalisation, il permet d'anticiper les évolutions des besoins de compétences, d'ajuster les ressources humaines aux situations, d'accompagner personnellement les salariés dans leurs parcours. Mais il n'y a pas que le Plan de formation continue comme support à l'élévation des compétences. C'est l'ensemble de l'organisation qui peut être pensée selon une fonction d'apprentissage permettant à chaque salarié d'évoluer. Le concept d'institution apprenante participe à cette définition de modes organisationnels contribuant à la professionnalisation.

La sécurisation des postures professionnelles est menacée par deux écueils : restaurer les corporatismes et figer les positions. En action sociale, la professionnalisation risque souvent de se faire au détriment de la qualité de la relation entre professionnels et usagers. La professionnalisation du champ de l'action sociale, dans la seconde moitié du XXème siècle, a eu pour effet d'éloigner les usagers des espaces de travail et de décision les concernant. La loi rénovant l'action sociale et médico-sociale parvient difficilement à redresser cette tendance. Il ne faudrait pas que la poursuite du mouvement visant à accroître la dimension professionnelle des interventions renforce son caractère excluant pour les usagers. Le challenge qui se présente est au contraire de refonder de nouvelles légitimités professionnelles en se tenant « aux côtés » des usagers et non au-dessus d'eux ou face à eux. La technicité n'empêche pas la proximité et même la coproduction. L'isolement des professionnels dans leurs compétences projette l'ombre du corporatisme. C'est-à-dire d'un système de pensée dans lequel les logiques professionnelles envahissent tout et ne laissent plus de place à l'autre ou à d'autres logiques. Par ailleurs, la sécurisation des postures menace de générer un positionnement figé des professionnels tant dans la relation d'aide que dans le dispositif institutionnel. Une posture professionnelle totalement sécurisée est une position rigide dans laquelle plus rien ne peut remettre en cause le salarié, sur de son bon droit, absolument protégé par son statut, n'assumant pas la responsabilité de ses actes. Il semble clair qu'une telle position n'est pas propice à la souplesse nécessaire à la relation d'aide et d'accompagnement de personnes fragilisées ou en difficulté. Le travail social demande plus de malléabilité que cela.

En fait, il ne s'agit pas de fossiliser les choses mais de permettre le mouvement dans un contexte d'incertitude et de plus grande faiblesse des portages institutionnels. L'incertitude ne peut provoquer la rigidité, elle appelle à plus de rigueur ce qui n'est pas identique. La formalisation de l'acte professionnel n'a pas pour effet de le fixer mais de lui apporter les repères nécessaires pour sécuriser dans ce contexte d'incertitude. Cela est d'autant plus nécessaire que les acteurs se trouvent pris dans un contexte de faiblesse des institutions dont les repères structurants se délitent. Quand le rocher devient sable, il n'est plus envisageable de s'y accrocher telle une bernique, la seule solution est de devenir plus mobile pour mieux s'adapter aux mouvements de terrain.

Une question, en surplomb de ces réalités, apporte peut-être une réflexion utile sur cet enjeu du positionnement des professionnels dans les équipes : La sécurisation ne passe-t-elle pas par la réincorporation de la fonction politique du travail social dans le projet de société ? Car, dans cette activité de service particulière qu'est l'intervention sociale ou médico-sociale, le nœud ne se situe pas dans la simple application de quelques techniques visant le mieux-être des acteurs. Ce qui se situe au nouage des légitimités, des postures et de la technique, c'est la fonction politique du travail social dans la société. Le juste positionnement du professionnel dans sa relation avec des personnes en difficulté se fonde peut-être d'abord sur la clairvoyance des enjeux d'ordre politique qui supportent et environnent cette relation. La question centrale est bien celle de la place de chacun dans la cité. Cette piste de réflexion induit l'idée que la sécurisation des postures professionnelles repose sans doute aussi sur un travail d'élucidation permettant à chacun de se sentir le plus au clair possible avec les dimensions sociétales de sa fonction. C'est à cette condition qu'il sera moins insupportable pour les travailleurs sociaux d'accompagner au quotidien des personnes qui s'enfoncent dans l'exclusion sociale, qui vivent le rejet à cause d'un handicap, qui ne parviennent pas à éduquer leur enfant dans de bonnes conditions, etc. Le directeur permet et facilite l'élaboration d'une parole sur cette dimension de la légitimité des acteurs. Il est porteur d'un projet politique de l'intervention, il est le vecteur d'une élaboration collective sur ces questions.

Le caractère global de cette question ne doit pas occulter la responsabilité immédiate du directeur dans l'accompagnement concret des parcours professionnels des salariés dont il assume la responsabilité. La prospective qui est une caractéristique essentielle de la bonne gestion des emplois s'intéresse prioritairement à l'anticipation des besoins individuels des salariés au regard de leurs parcours. C'est notamment cela qui permet d'éviter les phénomènes d'usure, les risques psychosociaux, les mises en inaptitude par défaut d'anticipation, les arrêts de travail à répétition… Toutes situations que redoute chaque directeur et qui sont les symptômes d'une carence dans l'accompagnement personnalisé des parcours professionnels.

Le souci constant de mettre en adéquation les compétences de chaque collaborateur avec sa situation concrète s'appuie sur des supports précis qui sont mis à la disposition du directeur : formation tout au long de la vie, contrats de professionnalisation, apprentissage, bilans de compétence, etc. Les outils de la GPEC ne manquent pas pour qui sait s'en saisir et les utiliser à bon escient. Tous ces outils participent d'une mise en mouvement permanente des positions et des compétences dans l'organisation. Car c'est la fluidité des parcours et des postures qu'il faut viser afin de faciliter au mieux les adaptations et les évolutions.

Cet accompagnement du changement par la gestion des emplois doit permettre de trouver un point d'équilibre entre la stabilité et le mouvement. Vouloir sécuriser les postures professionnelles porte en soi l'idée d'une certaine stabilité des places et des rôles. Pour se sentir en sécurité, il ne faut pas que tout change tout le temps. Des repères doivent être construits dans la durée. Cependant, chaque collaborateur doit être en capacité de s'adapter aux évolutions – de plus en plus rapides – des institutions. Cette mobilité des positions peut apparaître comme contradictoire avec la stabilité nécessaire à la sécurité. C'est donc un point d'équilibre qui doit être recherché entre ces deux dimensions du positionnement professionnel. Il s'agit d'évoluer sans se sentir déstabilisé, de changer sans perdre ses repères, de s'adapter sans tout remettre en cause. C'est sans doute une question de dosage. C'est vraisemblablement une nécessité de s'adapter au potentiel de chacun. Certains professionnels – cela peut dépendre étroitement des niveaux de qualification – sont naturellement plus aptes à bouger que d'autres. Le respect des personnes passe aussi par le fait de ne pas imposer la même chose à tout le monde, de s'adapter aux capacités, de savoir attendre le moment opportun, de soutenir les trajectoires personnelles.

**La gestion des compétences : une question de pertinence**

En action sociale, la GPEC ne doit jamais perdre de vue sa finalité. Si le directeur doit viser l'excellence pour son organisation, ce n'est pas pour mériter tel ou tel « trophée », c'est pour atteindre son ambition d'un service de qualité auprès des usagers. Le développement des compétences s'inscrit dans une visée qui n'est absolument pas centrée sur l'organisation elle-même. La performance est un terme creux s'il s'applique au dispositif d'intervention pour lui-même. Accessoirement, la performance est un concept dangereux quand elle est avancée pour justifier d'aveugles restrictions budgétaires. Ce qui est performant dans un établissement ou service social et médico-social, c'est son projet référé à ses missions. La performance du projet a besoin de compétences. Ce qui finalise cette « marche en avant » des compétences, c'est l'amélioration continue de la qualité des activités conduites et des prestations délivrées au service de l'usager.

La gestion des compétences trouve donc sa pertinence dans le respect de l'usager. Il est vain d'aller chercher ailleurs ce qui justifie ce souci de développer constamment l'excellence de l'organisation. Certes, l'accroissement des compétences sert également l'intérêt personnel des salariés, mais cela est accessoire à l'objectif fondamental de la promotion des usagers, même s'il s'agit d'un accessoire vertueux. Cette manière de poser les enjeux des compétences montre la forte congruence qu'il y a entre l'intérêt central des usagers et les intérêts des professionnels.

La question de la formation s'envisage de manière différente lorsqu'elle est explicitement finalisée par le projet institutionnel au service des usagers. Cette perspective peut aider à conduire les arbitrages souvent nécessaires à l'établissement des plans de formation. Elle peut utilement guider les travaux des conseils d'établissement, comités d'entreprise, voire quand elles existent des commissions de formation. La finalisation de la gestion des compétences par le service à l'usager est une aide précieuse pour le directeur, pour l'aider à discerner l'essentiel dans la forêt des dispositifs, des offres et, surtout, des demandes.

Mais la question du développement des compétences ne peut se réduire à la seule formation et encore moins à la qualification. Qualifier les acteurs du social est un enjeu vital de la légitimité du travail social. C'est une responsabilité de tout premier ordre pour les dirigeants des institutions du social que de développer le niveau de qualification des équipes. Cependant, la qualification ne doit pas être envisagée sous le seul angle du diplôme.

Des questions vives traversent les débats du champ professionnel sur les enjeux des diplômes. La moindre tentative de modification des conventions collectives se heurte généralement à une forte réticence des syndicats à toucher à la centralité des diplômes. Il est vrai que ce secteur s'est construit grâce à l'instauration de diplômes qualifiants qui sont le cœur historique des métiers « canoniques ». Les diplômes d'État d'assistant de service social, d'éducateur spécialisé, puis, plus tard, de conseiller en économie sociale et familiale, de moniteur éducateur, d'aide médico-pédagogique ou d'animateur ont structuré l'action sociale. Les relativiser aujourd'hui peut être perçu comme la remise en cause des fondements historiques du travail social. Cependant, force est de constater que le travail social s'organise aujourd'hui sur d'autres critères que celui du seul diplôme. Les qualifications requises dans les institutions se sont diversifiées, ouvertes à d'autres champs, enrichies d'autres compétences. Il semble pertinent maintenant de référer les compétences aux situations professionnelles concrètes vécues par les acteurs plutôt qu'à un diplôme générique et trop généraliste. Les socles de compétences requis doivent maintenant être complétés par la mise en adéquation des compétences avec les situations concrètes. Être éducateur en prévention spécialisée n'est pas de même nature qu'être éducateur en Institut Thérapeutique Educatif et Pédagogique. Des troncs communs de compétences doivent être mobilisés, mais des formations complémentaires peuvent apporter une sorte de spécialisation pour adapter les personnes à la spécificité de leur emploi. Cependant, un tel processus ne doit pas avoir pour effet pervers de limiter les mobilités professionnelles.

Plus largement que ce débat sur le rapport qualification/diplôme, il faut ouvrir le regard aux formes multiples de qualification des métiers qui existent aujourd'hui. Il convient de valoriser tout ce qui « qualifie » un professionnel. La prise en compte de la variété des dimensions qualifiantes est un enrichissement. Cela permet d'intégrer, largement au-delà du diplôme de formation initiale, toutes les plus-values accumulées dans le parcours de vie de chaque professionnel. La prise en compte de toutes les dimensions qui caractérisent une personne semble parfaitement adaptée aux qualités requises en travail social. De la même manière que l'intervention sociale se refuse à découper les usagers selon leurs besoins mais entend prendre en compte toutes les dimensions de leur vie dans l'unité de leur personne, il faut envisager les professionnels du social en tant que personnes humaines, globalement. Les activités hors du champ professionnel deviennent alors des ressources : engagements bénévoles, associatifs, militants, responsabilités sociales et politiques ou syndicales, expériences familiales et citoyennes, activités artistiques ou d'expression, etc. Finalement, cette façon de regarder ce qui qualifie ses collaborateurs invite le directeur à ne pas rigidifier la nécessaire séparation entre l'espace professionnel et l'espace privé.

Le management par la connaissance – ce que les anglo-saxons nomment le *knowledge management* – est un concept particulièrement adapté à cette conception de la gestion des compétences. C'est en effet toute l'institution, envisagée dans toutes ses dimensions, de l'individuel au collectif, qui est le support de la qualification et de l'accroissement des compétences. Le management par la connaissance mise sur l'intelligence des acteurs et organise les conditions d'une intelligence collective. Il reconnaît la capacité de chacun à contribuer à la compétence globale de l'organisation. Il favorise l'émergence d'une expertise individuelle et collective, des acteurs et de l'organisation.

Pour ce faire, le directeur doit avoir le souci d'instaurer des collectifs de travail organisés. C'est par l'articulation des instances qu'il manage par la connaissance : groupes projet, instances de pilotage, espaces de recherche-action, lieux de formation-action, organes d'information contribuant à diffuser des connaissances, etc.

De ce point de vue, l'expertise des collaborateurs est un atout pour la fonction de direction, pas une menace !

Il est habituel de dire que les équipes ont le directeur qu'elles méritent. C'est parfois vrai. Mais c'est souvent le directeur qui doit mériter son équipe. C'est à lui de valoriser son équipe par un travail patient de mobilisation des intelligences de chacun au profit de tous, de nouage des compétences personnelles pour construire une compétence collective, de mise en lien des acteurs entre eux dans un souci de cohérence.

# Chapitre 4

# Assurer la conduite d'un dispositif

**Finaliser : une question de sens**

Il est fréquent que le directeur qui prend ses nouvelles fonctions dans un établissement ou service social et médico-social ait tendance à oublier qu'il s'insère dans une histoire. Il est difficile de réaliser que la trajectoire de l'institution ne débute pas avec soi et qu'elle se poursuivra après soi. Le directeur s'inscrit dans l'historicité de l'organisation. Il y joue un rôle déterminant mais ce rôle est fortement conditionné par ce qui lui a précédé. En avoir conscience permet d'ajuster ses pratiques au contexte. Héritier d'un passé, acteur d'un présent et anticipateur d'un avenir, le directeur vit l'historicité à l'œuvre dans l'organisation.

Passé, présent et avenir ne s'organisent pas selon un simple principe de linéarité ou de succession ordonnée, ils interagissent entre eux, rebondissent les uns sur les autres, se télescopent parfois, se valorisent ou se masquent, surgissent ou disparaissent. Une claire conscience de cette articulation complexe des temporalités est indispensable à l'exercice de la fonction de direction. Combien de directeurs se sont mis en échec à ignorer cette exigence. C'est un enjeu de compréhension. Car, pour comprendre où on va, il faut savoir d'où on vient. La connaissance des héritages conditionne la juste intelligence prospective. Cela suppose un réel travail d'appropriation de l'histoire institutionnelle. En ce domaine, prendre le temps d'écouter les plus anciens est hautement instructif. Il est fréquent de considérer qu'ils radotent, qu'ils ne sont plus en phase avec les enjeux contemporains, c'est une erreur. S'ils se sentent obligés de ressasser les souvenirs, c'est parfois parce que l'institution tend à oublier son histoire. Ils ne sont pas fixés au passé, ils sont la mémoire de l'établissement ou du service. Ils ne ralentissent pas la marche vers l'avenir, ils lui donnent consistance en rappelant à chacun que cet avenir ne peut se bâtir que sur les fondations de l'histoire. Il est encore plus instructif de recueillir les témoignages sur l'histoire par strates. Selon les moments où les salariés sont arrivés dans l'institution, ils y ont porté un regard particulier. C'est la superposition de ces témoignages qui permet au directeur de comprendre comment s'est construite l'organisation, quels sont les moments historiques qui l'ont structurée ou déstabilisée. Ce travail sur les mémoires est indispensable pour établir une bonne connaissance de l'institution.

Cette mise en perspective historique n'enferme pas dans le passé. Elle ne cherche pas non plus à légitimer l'organisation. Elle étaye son ouverture vers l'avenir. Elle rend intelligente sa démarche prospective. À chaque fois qu'une institution cherche à rompre les amarres de son histoire, elle se fragilise et s'expose à de violents « retours du refoulé ». Une histoire, cela s'assume, cela ne peut s'oublier, cela ne doit pas s'ignorer.

Le siège qu'occupe le directeur qui arrive n'est pas vide. Il est occupé de toutes les mémoires de l'institution, ces traces, plus ou moins visibles, qu'ont laissées ses prédécesseurs, ces souvenirs, bons ou mauvais, qui marquent les mémoires. Ce ne sont pas forcément des fantômes – qu'on a plutôt l'habitude de trouver dans les placards – mais des habitants de la mémoire institutionnelle portée par les acteurs présents. Le directeur qui occupe la fonction, succède à un collègue, qui lui-même succédait à un collègue, etc. Avoir conscience de ces prédécesseurs, c'est s'inscrire personnellement dans cette filiation particulière qu'est la succession des dirigeants de l'organisation. Succession qui, depuis le fondateur jusqu'à soi, trace un fil rouge qui relie les temporalités de l'institution. La pire tentation serait de légitimer sa présence et le bien-fondé de son action par la disqualification de ceux qui ont précédé. Une telle attitude méprise l'histoire, bonne ou mauvaise selon les points de vue, qui a construit l'organisation. Même si ce qui a été fait avant peut paraître discutable, c'est cela qui a fait l'histoire, et qui est apprécié diversement par les témoins du passé. Le disqualifier c'est remettre en cause ceux qui ont approuvé, l'encenser c'est discréditer ceux qui sont critiques. L'appréciation portée par le directeur sur l'histoire de l'organisation et surtout sur les directeurs qui l'ont précédé, suppose une certaine distance, une certaine neutralité. La position impartiale est sans doute la posture idéale pour respecter ce qui a précédé et ceux qui étaient là avant. Le directeur qui arrive ne doit jamais oublier que ses collaborateurs ont tous été compromis, positivement ou négativement, dans ce qui s'est fait avant lui.

Une fois cette relation à l'histoire institutionnelle renseignée et clarifiée, le directeur s'investit naturellement dans les actions à conduire au présent. Logiquement, il va donner du sens à celles-ci en situant une perspective pour le futur. C'est là qu'intervient la question de la finalité : vers quoi allons-nous ?

Pour répondre à cette question, il n'y a pas de « grand horloger », fût-ce le directeur. Les institutions du travail social, comme toutes les organisations humaines aujourd'hui, se sont radicalement laïcisées. Personne n'est désormais autorisé à apporter des réponses toutes faites à la question du sens des actions et de l'organisation. La transcendance des programmes institutionnels a vécu. Ni Dieu, ni maître pour donner, de l'extérieur, une explication plausible sur la signification des actes. Le sens, se construit au cœur des pratiques. Il émerge de ce qui est fait, il ne précède plus l'action. Nos institutions sont maintenant condamnées à vivre au quotidien un pragmatisme du sens qui oblige à de nouveaux efforts.

Pour illustrer ce point, chacun se souvient de l'allumeur de réverbères dans « Le Petit Prince » d'Antoine de Saint-Exupéry. Chaque soir, il allume les réverbères sans se poser de question. Quand le Petit Prince lui demande pourquoi, il se contente de répondre « Parce que c'est la consigne ! » Le programme est donné par ailleurs, une fois pour toute et l'acteur ne doit pas se poser de question. Aujourd'hui, ce dernier est mis au défi de trouver, par lui-même, le sens de ce qu'il fait. Dans cette démarche, il ne bénéficie d'aucun secours extérieur. Chacun, au sein des institutions, doit trouver par lui-même et pour lui-même une signification à ses actes. L'institution ne lui sera que de peu de secours pour avancer sur ce chemin du sens. Aujourd'hui, l'allumeur de réverbères de Saint-Exupéry serait mis en demeure de produire par lui-même une explication plausible sur le sens de ce qu'il fait...

Cette situation, encore relativement nouvelle dans les organisations du travail social, représente un challenge pour le directeur. Il n'est plus porté par un sens génétiquement programmé de l'organisation qu'il dirige. Il n'est même plus légitime à apporter, seul et pour les autres, une signification au projet institutionnel. Il peut tout au plus attester de ses convictions en la matière. Celles-ci risquent d'être traitées par les membres de son équipe comme des convictions personnelles du seul directeur. Par politesse, elles seront prises en compte. À aucun moment elles ne seront considérées comme universellement valables pour l'institution. Autrement dit les convictions du directeur, aussi puissantes soient-elles, n'épargnent plus les personnels d'élaborer pour eux-mêmes des explications personnelles sur le sens de ce qu'ils font.

Ce constat sur la manière dont les institutions construisent les significations de leurs actions relativise le rôle du directeur et induit, de fait, une perspective de management.

En effet, si, quoi que fasse le dirigeant, la finalité du travail renvoie chacun à une question personnelle, il convient de faire son deuil de toute valeur « prête-à-porter ». Dans ce contexte, toute tentative d'imposer autoritairement des réponses est vouée à se briser sur le rempart de l'individu condamné à trouver des réponses en soi et pour soi. La perspective managériale qui semble la plus adéquate à ce contexte de travail est le management participatif. La présente démonstration tente de convaincre les sceptiques de la participation – ceux qui n'y adhéreraient pas par idéologie – que ce style de direction est une opportunité stratégique. Puisque plus rien ne peut s'imposer en extériorité aux sujets qui agissent dans l'organisation, autant mettre en place des modalités qui leur permettent de trouver leurs propres réponses et de les mettre au service de l'organisation selon un processus de collectivisation des convictions individuelles.

Ce processus n'est pas la simple addition des réponses individuelles à la question du sens de ce qui est fait. C'est de théories psychosociales de l'engagement dont il est question. Chaque individu s'inscrit dans une démarche qui lui permet à la fois de se mettre au clair sur ses propres positions et de se situer par rapport aux positions de ses collègues. En prenant position pour soi (à quoi sert ce que je fais ?) et en se situant par rapport aux autres (que disent-ils du sens de ce qu'ils font ?), l'individu se donne un sens à son action et se situe dans un sens collectif qui se dégage des débats avec ses pairs.

La responsabilité du directeur n'est donc pas en premier lieu d'apporter des réponses à la finalité de l'organisation mais de créer les conditions collectives d'échange qui permettront de dégager des réponses communes, ou au moins convergentes.

Cependant, le directeur a à résister à la demande pressante qui lui est réitérée sans cesse d'apporter des réponses préfabriquées. En effet, malgré le renvoi systématique de la question du sens à l'individu, la tentation est forte d'éviter l'interrogation et de presser l'autre – de préférence celui qui a le pouvoir – d'apporter des solutions. Ce jeu est d'autant plus difficile à contrecarrer que le directeur est lui-même exposé à sa propre tentation de toute puissance. Il revient donc au directeur de déjouer quotidiennement le piège de la toute-puissance que lui tend son équipe.

La délibération constitue donc un mode de management, le point nodal de l'élaboration du projet. La délibération n'est pas ici une option idéologique ou une concession à la mode mais une méthode précise au service d'une stratégie éminemment pragmatique. La délibération est avant tout le plus sûr moyen de permettre la construction partagée d'une finalité. Elle est aussi le plus sûr moyen d'éviter l'anomie. Elle est enfin l'assurance de protéger le directeur, et accessoirement ses subordonnés, de sa tentation de toute puissance.

Les méthodes de management participatif, largement décrites dans de nombreux manuels, engagent le directeur dans une posture particulière. Il n'est plus, à lui seul, le sens de l'organisation, celui qui personnalise la finalité. Il n'est plus à l'image du roi soleil qui déclarait « L'État c'est moi ! ». Le directeur est le garant d'un processus de travail qui conduit l'équipe à donner du sens à son projet. Cette expression « donner du sens » a une certaine saveur. Le sens n'est pas « révélé » ce qui ferait explicitement référence à une transcendance où résiderait le sens des choses en totale extériorité à la communauté humaine. Il n'est pas « fait » comme l'indique l'expression usuelle « ça fait sens » comme on « fait l'amour », ce qui ferait référence à une sorte de révélation magique d'une chose cachée comme lorsque l'on tombe amoureux. Le sens « se donne » entre pairs, entre acteurs sociaux. C'est l'individu, puis le groupe qui « donnent sens » à l'activité.

Ultérieurement à ce « don de sens », œuvre nécessairement collective, le directeur est garant de l'orientation délibérée. C'est lui qui en assure la mise en œuvre et qui « tient le cap ». C'est lui qui tranchera au détour de toutes les questions qui jaillissent quotidiennement en se référant à la finalité que s'est donnée le groupe. Cela fait allusion à la notion de choix qui renvoie à la capacité de discernement du directeur entre les multiples options chaque fois disponibles

**Choisir : une question de discernement**

Pour exercer sa capacité de discernement, le directeur est d'abord invité à se méfier des évidences. Toute évidence cache une intention qui cherche à se voiler. Insidieusement les intentions les plus sourdes, parfois les plus inavouables, se dérobent derrière l'évidence. « Il n'y a pas le choix, c'est évident ! ». L'évidence est un masque qui occulte la force créatrice des situations en cherchant à enfermer les acteurs dans la reproduction. Refuser les évidences, c'est s'engager dans une lecture critique des faits pour discerner ce qui se cache derrière elles. Le slogan du directeur devrait être « Il y a toujours trente-six solutions ! » À lui de les chercher pour trouver des solutions qui ne sont pas évidentes. Cette démarche ouvre des possibilités de choix nouveaux, d'actions inédites. Elle s'affranchit des idées convenues, de la pensée unique et du discours politiquement correct. Elle contraint celui qui, in fine, doit trancher à faire l'effort d'imaginer, de créer, d'inventer des pistes nouvelles.

Le directeur est donc convoqué à une position originale : se mettre émotionnellement et intellectuellement dans une situation qui ne l'enferme pas, qui ne limite pas sa capacité à découvrir les 35 autres solutions chaque fois qu'un collaborateur lui affirme qu'il n'y a pas d'autre choix. Cela suppose une certaine distanciation affective à l'égard de ses collaborateurs afin de ne pas se laisser enfermer dans la solution de l'autre – qui risque souvent d'être la raison du plus fort. Cette distance relationnelle suppose de pouvoir assumer la solitude inhérente à la fonction ce qui implique quelques supports. Par exemple : réseaux de soutien et d'échange de savoirs entre directeurs, groupes d'analyse des pratiques avec des partenaires, etc. Cela suppose également une hauteur de vue, hauteur qui s'acquiert par un effort intellectuel de la pensée sur les situations, par une mise au travail des faits.

La seconde édition du film « L'âge de glace[3] » débute par une scène riche d'enseignements sur le positionnement du directeur. La vallée où vit la communauté des animaux préhistoriques est menacée par la rupture du glacier qui fait barrage en amont. Celui-ci donne des signes de faiblesse qui inquiètent. Un des héros du film, le « scrat » (ancêtre de l'écureuil) est toujours avidement à la poursuite d'un gland qui apaisera sa gourmandise. Il en trouve un fiché dans la paroi verticale du glacier surplombant la vallée et l'arrache sans précaution. Le trou créé par le retrait du fruit provoque une fuite d'eau dans le mur de glace. Le scrat réalise immédiatement sa bévue et obstrue la cavité avec un doigt de sa

---

3. *L'Âge de glace 2*, réalisation Carlos Saldanha, scénario J. Vitti-P. Gaulle-G. Swallow-J. Hecht, production Blue Sky Studios & 20th Century Fox, Etats-Unis, 2006.

main gauche, la droite agrippant le gland. À ce moment, un second jet d'eau jaillit. Le scrat le colmate avec son museau, son but étant de ne pas lâcher le gland. Troisième fuite : il y met son pied. Quatrième fuite, il place son autre pied. La cinquième fuite le met devant un redoutable dilemme : doit-il lâcher son gland pour arrêter l'hémorragie aqueuse qui menace la vallée ? Il est « pris », écartelé entre ces différents trous, immobilisé par l'urgence de la situation, coincé par ces imprévus auxquels il a répondu au fur et à mesure, s'empêchant ainsi d'avoir une vision globale de la situation, déchiré entre des choix impossibles qui le poussent à renoncer à une chose pour avoir ou conserver l'autre. Chaque nouvelle menace met en danger les situations acquises.

Cette position délicate du scrat de « l'âge de glace 2 » apparaît comme la parfaite illustration de ce qu'il ne faut pas faire quand on assume la direction d'un établissement ou d'un service social ou médico-social. La seule chance qu'a un directeur de se sortir des mauvais pas qui jonchent son chemin c'est d'adopter une position « méta », en surplomb des faits et des événements. Chacun convient qu'on voit mieux le paysage d'en haut et que la taupe est mal placée pour avoir une bonne représentation de la topographie du terrain où elle vit. Notre scrat aurait sans doute gagné à prendre un peu de recul par rapport au gland…

Seule une posture distancée et en hauteur de vue permet de décider en toute lucidité. Le choix, pour être réel, doit être fait dans des conditions nécessaires de bonne visibilité, de recul indispensable.

Donc, pour résumer les choses : décider, c'est choisir entre plusieurs options, sans céder à la dictature de l'évidence et ce potentiel de choix est fondé sur la capacité à occuper une position « méta » face aux faits. Le discernement du directeur est à ce prix.

### Animer : une question d'âme

À la liste des ingrédients qui, du point de vue de la fonction de direction, facilitent la conduite d'un dispositif d'intervention sociale, s'ajoute la fonction d'animation. Animer, c'est « donner de l'âme » à un groupe. Il s'agit en fait d'une déclinaison complémentaire de ce qui a été dit à propos du sens et du management participatif qui favorise son émergence. La fonction d'animation s'intéresse plus à la conduite du groupe qu'à la délibération en elle-même. Il sera question, dans le chapitre sept, de la conduite du projet. Pour l'instant, il convient de s'atteler à la manière d'animer les processus productifs de l'équipe. C'est-à-dire à la façon dont les acteurs sont mis en capacité de s'approprier collectivement le projet.

La meilleure manière de s'approprier quelque chose, c'est de l'agir. Cette règle pédagogique fondamentale est trop souvent oubliée : on connaît ce qu'on entend, on sait ce qu'on apprend, on comprend ce qu'on fait. La méthode expérimentale, reprise dans les processus de recherche-action ou de formation-action, est le meilleur moyen de s'approprier une connaissance en la mettant à l'œuvre. Le processus d'apprentissage associe l'acquisition de savoirs et leur mise en pratique dans le même mouvement. Ces principes valent pour l'animation d'une équipe.

Cela suppose que le projet ne soit la propriété d'aucun en particulier. Il doit rester un bien collectif partagé. Le « directeur animateur » doit s'assurer que personne – individu ou groupe – ne confisque le projet. L'image déjà citée plus haut et à reprendre à cet endroit de la démonstration est celle du ballon de basketball : il circule sur le terrain entre les joueurs qui se le passent. Celui qui le conserve trop longtemps est en faute. Mais il faut compléter cette métaphore : Ce « projet circulant » est aussi comme la boule qui roule dans la neige, sa circulation le fait grossir. Chaque fois qu'il passe de main en main, il s'enrichit de son mouvement, grossit, se déploie. La non-confiscation du projet est donc une condition de sa vitalité et de son développement. Cela permet de mieux situer le rapport qu'entretient le directeur avec son équipe autour du projet. Comme pour la question du sens, le directeur « n'est pas le projet » à lui seul, il est celui qui en facilite la circulation entre tous. Il est donc particulièrement toxique pour l'institution d'avoir un directeur qui se sent propriétaire du projet. La responsabilité n'est pas la propriété et ceux qui confondent ces deux attitudes mettent lourdement à mal l'établissement ou le service qu'ils dirigent.

Ce qui différencie le plus les organisations de l'économie sociale et solidaire des organisations marchandes, c'est précisément cette question de la propriété du projet. Le fondement de l'économie sociale est la propriété collective de l'outil de production. Cette forme d'économie – basée sur le principe qu'un homme compte une voix, c'est-à-dire indépendamment de son statut ou de son investissement « sonnant et trébuchant » dans la structure – est une alternative au modèle capitaliste. Mais c'est au-delà de la propriété du capital investi que se joue la différence entre ces deux modèles économiques, c'est sur la propriété du projet. Dans l'économie sociale, le projet n'appartient pas à celui qui investit mais à celui qui agit. C'est là une différence bien plus radicale que celles qui, pour significatives qu'elles soient, s'attachent aux formes juridiques et financières de l'organisation. Dans les établissements et services d'action sociale et médico-sociale, le projet appartient à ceux qui le mettent en œuvre. Ce fait les attache pleinement aux intuitions fondatrices de l'économie sociale (y compris d'ailleurs les établissements publics qui ne relèvent cependant pas du tiers secteur).

À partir du moment où le projet est posé comme un bien commun, c'est en toute logique que sa conduite se décline ensuite dans la manière d'associer toutes les parties prenantes. Dans cette configuration, tous les « actionnaires » – ceux qui y agissent – du projet sont placés sur un pied d'égalité, indépendamment de leur niveau hiérarchique, de leur statut, de leur rôle. Représentants de l'organisme gestionnaire, professionnels, usagers et familles d'usagers sont situés sur le même plan. Tous partagent un niveau identique de responsabilité à l'égard du projet. Bien entendu, cette fiction démocratique décrit une position symbolique des acteurs qui n'estompe absolument pas les différences institutionnalisées de rôles, de places et de fonctions dans l'organisation. Notamment celle du directeur qui porte une responsabilité tout à fait particulière quant à la manière concrète d'associer toutes les parties prenantes à l'élaboration, à la conduite, à la mise en œuvre et enfin à l'évaluation et à la révision du projet d'établissement ou de service. Pour ce faire, il utilisera la dynamique du croisement des points de vue.

Un éléphant, ça trompe énormément ! Un conte, que certains disent d'origine indienne, raconte l'histoire de quatre aveugles qui arrivent sous les pattes d'un éléphant et le découvrent à tâtons. « C'est une colonne » dit celui qui touche la patte. « Mais non, c'est une feuille » prétend l'aveugle que caresse l'oreille. « Pas du tout, c'est un tuyau » affirme celui qui est au contact de la trompe. « Vous n'y êtes pas, c'est un balai » déclare enfin celui qui est fouetté par la queue de l'animal. Seule la confrontation de ces quatre perceptions permettrait de comprendre cet éléphant dans ses différentes composantes.

Par exemple, dans un Institut Médico-Éducatif, le directeur, s'il se limite à son regard, est pareil à l'aveugle qui tient la patte, l'équipe médico-psychologique se contente souvent de l'oreille alors que les éducateurs sont convaincus de tout comprendre en tenant fermement la trompe et qu'enfin, les enseignants de l'équipe pédagogique se satisfont de leur perception de la queue. Le seul problème, c'est que cela ne fait pas un établissement cohérent mais cinq entités qui ne se complètent pas. C'est pourtant l'articulation réfléchie des dimensions logistiques (encadrement, services généraux…), thérapeutiques (psychiatres, psychologues, rééducateurs…), éducatives (internat, activités de socialisation…) et pédagogiques (accompagnement scolaire…) qui forment l'établissement médico-social. Laisser les points de vue se réifier expose à une conception morcelée de la réalité. C'est la superposition des plans qui forme une mise en perspective, une profondeur de champ. C'est cela qui permet de percevoir l'organisation dans son épaisseur, ses reliefs.

Le directeur est particulièrement responsable de cette hybridation des regards. Il est, par sa fonction, celui qui permet ces croisements, qui les rend possible. La compétence hiérarchique facilite le rapprochement de groupes d'acteurs, voire même leur confrontation fructueuse, leur rapport dialectique, là où l'absence d'autorité les renvoie aux conflits stériles et aux luttes d'influence.

Dans cette confrontation des points de vue, le directeur peut notamment, et cet aspect est essentiel, être celui qui évite que les équipes professionnelles, toutes occupées à défendre leur position, oublient de prendre en compte ce regard indispensable qu'est celui des usagers et/ou de leurs familles.

Finalement, le directeur est situé à plusieurs points de croisements qui structurent l'institution. Par sa position à certains carrefours stratégiques de l'organisation, il régule la circulation pour éviter les collisions, facilite les passages pour éviter les impasses, développe les intersections pour encourager les mobilités, arbitre les priorités pour éviter les embouteillages, fluidifie le trafic.

Ces croisements sont de plusieurs ordres. Toute organisation croise du formel et du subjectif, du hiérarchique et du fonctionnel. C'est tout cela qui fait ces « carrefours » qui sont autant de leviers stratégiques à la disposition du directeur pour conduire le dispositif. Bien qu'inscrit dans une dimension résolument hiérarchique, le directeur croise les dimensions verticales et horizontales de l'organisation.

La fonction de direction garantit la qualité de ces intersections/interactions entre acteurs, préserve ces carrefours entre les différentes dimensions structurantes de l'établissement ou du service social et médico-social.

**Coordonner : une question de lien**

Toute la difficulté de la position du directeur, c'est d'être capable de garder les pieds sur terre tout en ayant la tête dans les perspectives à venir. Le directeur doit pouvoir combiner les dimensions « micro », « méso » et « macro » de l'action.

Il utilise la plus réduite des focales pour observer et comprendre l'organisation dans ses détails les plus insignifiants. C'est ainsi que le directeur d'une maison d'enfants à caractère social s'intéressera à la taille des pommes de terre que commandera l'intendant pour la cuisine. Ces éléments microscopiques qui peuplent – envahissent parfois – la vie quotidienne des établissements et services constituent le fond structurant de l'institution. Laisser dériver un déficit sur un poste budgétaire, même peu significatif, c'est toujours prendre le risque d'un dérapage plus grave parce que cela peut entériner une attitude laxiste sur le suivi des comptes. Se contenter de pommes de terre de faible qualité a des conséquences sur la qualité des repas servis. Bref, ces détails, additionnés les uns aux autres, font la qualité globale de la structure. Même si le directeur a naturellement tendance à déléguer les décisions relevant de la vie quotidienne, ordinaire et banale, il doit rester en veille sur ces aspects et disposer d'indicateurs qui le maintiennent branché sur la dimension « micro ».

Le directeur élargit son champ de vision pour observer et comprendre les interactions de l'établissement ou du service qu'il dirige avec son environnement. C'est la posture la plus spontanément occupée par les cadres dirigeants qui sont en relation régulière avec les décideurs locaux, les administrations territoriales, les autorités chargées du contrôle et de la tarification. Ils gèrent les relations partenariales – qui vont des pairs à leur banquier en passant par les élus politiques locaux mais aussi les intervenants sociaux, etc. – et développent une analyse stratégique leur permettant de se situer dans les opportunités de la conjoncture. La qualité d'un directeur se mesure souvent à sa capacité à maîtriser cette dimension « méso » de la situation de sa structure.

Mais il est une troisième dimension que le directeur doit prendre en compte, celle qui ouvre la focale et règle la distance de netteté au plus loin en développant la plus grande profondeur de champ possible. Pour cela, il n'existe pas d'appareil photo préprogrammé avec fonction automatique et les réglages doivent être ajustés sans arrêt. Cette dimension « macro », déjà évoquée, est essentielle à intégrer pour assumer le pilotage d'un établissement ou d'un service social ou médico-social. L'insistance de cet ouvrage sur ce point tient au fait qu'elle est souvent mise à mal par les pressions du quotidien. Le directeur « nez dans le guidon » a parfois tendance à sacrifier ce plan de l'analyse pour se consacrer aux urgences et donner dans les faits la priorité à l'immédiat.

Une histoire circule dans les couloirs des écoles de management qui relate l'intervention d'un éminent professeur qui propose une expérience à ses élèves. Il dispose sur son bureau deux bocaux et déverse deux sacs, un pour chaque bocal, contenant en quantité égale du sable, des galets et des graviers. L'objectif est de faire entrer dans les bocaux le contenu des sacs. Il explique en démontrant : Le manager qui ne fait pas de choix commencera spontanément par verser indifféremment le contenu du premier sac dans le premier bocal : cailloux, grains de sables et pierres s'y entassent en désordre. Le sable vient combler une grande partie du volume, puis les graviers, si bien que les grosses pierres ne trouvent plus de place. Le manager qui fait des choix commence par placer les galets au fond du bocal, puis il glisse les graviers qui comblent les interstices et enfin verse délicatement le sable qui s'insinue dans les espaces laissés vacants. Si bien que tout le contenu du sac trouve place dans le bocal. Le professeur conclue sa démonstration par une question à ses élèves : demandez-vous donc quels sont vos galets (vos priorités essentielles), vos graviers (ce qui est secondaire) et votre sable (ce qui ne sera traité qu'en dernier lieu s'il reste de la place) dans vos activités.
Quels sont les gros cailloux du directeur qui se plaint trop souvent de n'avoir pas le temps ?

Une synapse est ce qui relie des neurones entre eux, un espace de contact soit entre deux neurones soit entre un neurone et une cellule. C'est un convertisseur d'influx nerveux en neurotransmetteurs qui passent le relais, le signal, à la cellule suivante. Sans synapses, les cellules nerveuses ne pourraient être en synergie. Les neurones « tourneraient en rond » chacun de leur côté, privant l'individu de coordination des mouvements, des pensées, des émotions.

Le bon fonctionnement de tout système implique la présence d'interfaces qui associent les uns aux autres les éléments constituant le dispositif. Pour un établissement ou service social et médico-social, le directeur assume une partie de ces fonctions d'interface. Le directeur est une synapse.

Cette position suppose que le directeur prenne les moyens d'être stratégiquement placé aux nœuds de circulation des informations. Cependant, s'il doit s'assurer de maîtriser la plupart des informations circulant dans l'organisation, il ne peut être celui qui « possède » les informations. La fonction synapse s'oppose à toute confiscation des informations. Le directeur ne stocke pas les informations pour en faire un attribut ou une garantie de son pouvoir sur les autres. Le « directeur-interface » ne cesse de remettre en circulation toutes les informations qui transitent par lui. Faut-il le redire encore ? Il remet sans cesse la balle en jeu.

La légitimité du directeur ne tient pas dans le fait qu'il connaît et maîtrise tout mais dans sa capacité à faire circuler les informations et à les prioriser (les « gros cailloux »).

Comme toute interface, le directeur reçoit, traite et transmet les informations. Il n'est pas une simple interconnexion entre les composantes du système. La fonction de l'interface est de rendre compatibles entre eux les éléments interconnectés. Cela suppose des traductions, des alignements, des mobilisations et adaptations.

Pour que l'équipe médico-psychologique comprenne les logiques éducatives et les contraintes du cuisinier, cela suppose que le directeur interconnecte ces acteurs en traduisant les raisonnements des uns dans le langage des autres, interprète les contraintes de certains pour les rendre intelligibles par les grilles d'interprétation d'autres. Le directeur n'est donc pas un simple transmetteur de données, il les hiérarchise et les rend compréhensibles. Il permet que des systèmes de pensée et d'action se rencontrent, se parlent, se comprennent.

Cette image de la synapse permet de mieux saisir toute la complexité – et l'intérêt – du rôle de coordonnateur du directeur.

**Prévenir : une question d'assurance**

La gestion des risques dans les établissements et services sociaux et médico-sociaux se pose aujourd'hui dans un contexte sociétal particulier. L'individu hypermoderne, de plus en plus isolé dans son identité, est de plus en plus intolérant aux aléas de l'existence. La sécurité est une exigence de premier plan. Qu'elle soit routière, alimentaire ou sociale, la sécurité lutte contre l'insécurité que ce soit dans les faits, les procédures ou les sentiments. L'impératif de sécurité frise avec ce vieux réflexe sécuritaire qui tend à emporter toute société vers la dictature au nom du principe démocratique de garantie des droits et libertés individuelles. Poussée à son paroxysme, la recherche de sécurité pourrait menacer la vie elle-même et sa condition incontournable, la liberté. La sécurité absolue, interdisant tout mouvement, représente un risque potentiel. Seule la fixité de la mort présenterait ce caractère radical de la sécurité complète. Sans pousser plus avant cette réflexion pour le moins caricaturale, il faut prendre conscience du caractère paradoxal des attentes contemporaines en matière de sécurité. L'équilibre est précaire et difficile à maintenir, tant pour les individus (l'anorexie serait le summum de la sécurité alimentaire !) que pour les organisations (l'anomie serait l'accomplissement ultime d'une société garante des libertés individuelles !).

C'est ainsi que les plus anciens des directeurs ont vu leur établissement de plus en plus envahi par des normes de sécurité identifiées par des sigles abscons : HACCP, PMS, PCA, etc.[4].

---

**4.** HACCP : Hazard Analysis Critical Control Point (analyse des dangers et des points critiques pour en assurer la maîtrise). C'est une méthode, formalisée par un descriptif procédural qui permet d'identifier, d'évaluer et de maîtriser les principaux dangers dans le domaine de la sécurité alimentaire.
PMS (Plan de Maîtrise Sanitaire) est un dispositif qui intègre l'ensemble des mesures et procédures mises en œuvre par un établissement pour assurer l'hygiène et la sécurité sanitaire de ses productions. Le PMS intègre les BPH (Bonnes Pratiques d'Hygiène), le plan HACCP, etc. et vise à assurer une traçabilité.
PCA (Plan de Continuité d'Activité) est un plan qui doit permettre à une entreprise de fonctionner « en mode dégradé » en cas de crise (catastrophe naturelle, pandémie, etc.).

C'est aussi au nom de la sécurité accrue du citoyen que nous assistons à une inflation insensée du droit positif qui compte plus de dix mille cinq cents lois et cent vingt mille décrets en vigueur. Dans ce contexte, la question est : comment prévenir les risques pour sécuriser un établissement ou un service sans empêcher le mouvement de la vie qui va ?

L'objet de ce livre n'est pas de décrire par le menu les dispositifs de prévention des risques qui fleurissent un peu partout. Ni même de rappeler les liens qui existent entre le management et la gestion des risques autour des thèmes de la sécurisation des parcours professionnels, ou entre la gestion administrative et financière et la prévention des risques en matière d'activités ou encore au plan sanitaire. L'objet de cet ouvrage étant de réfléchir aux postures du directeur, la question des risques est plutôt à aborder dans sa dimension stratégique.

Gérer, anticiper, réduire, prévenir les risques, c'est « assurer ». Assurer, du point de vue de la position qu'occupe le directeur dans l'établissement ou le service social et médico-social ne renvoie pas seulement aux contrats souscrits avec les compagnies d'assurance. Assurer, pour le chef de cordée, c'est avant tout une posture. Une nouvelle image sportive vient à l'esprit. En varappe, celui qui « assure » le grimpeur est en haut de la paroi et le soutient à l'aide d'une corde. Cette vision est parlante à plus d'un titre.

Tout d'abord, elle induit une « position haute » de celui qui assure. C'est-à-dire, une bonne connaissance du terrain, de ses risques, de ses potentiels. Le point de vue ou la « hauteur de vue » du directeur est un élément majeur de la prévention des risques. C'est parce qu'il voit loin et bien que les risques sont perçus et peuvent être évités.

D'autre part, celui qui assure l'autre n'est pas collé contre lui car sa chute l'entraînerait dans le vide et il ne lui serait d'aucun secours. Assurer, c'est donc garder la juste distance, défi quotidien pour le directeur.

Le moyen d'assurer est également important. Un support trop rigide expose le grimpeur à l'accident parce qu'il ne peut adapter ses mouvements au terrain. Un support trop lâche est également dangereux parce que la chute reste possible. En varappe, la corde est suffisamment souple pour ne pas trop contraindre et permettre le mouvement. Pour la direction d'établissement, la même souplesse doit être recherchée pour ne pas tout bloquer. Autrement dit, les procédures de sécurité doivent rechercher le compromis entre les exigences à poser et les marges de manœuvre à préserver. D'autre part, la longueur de la corde détermine la bonne adaptation du support à l'objectif. Une corde trop serrée entrave le grimpeur et présente un danger, une corde trop longue n'empêche plus la chute. Pour le directeur, des règles trop strictes exposent le professionnel au risque de ne pas pouvoir respecter les normes de sécurité. Des règles trop floues l'exposent à des comportements inadaptés qui mettent en jeu sa responsabilité – mais aussi celle de l'auteur des normes. Un équilibre est à trouver… point de compromis entre des logiques différentes qui trouve son sens dans une conception de l'existence : vivre ce n'est pas refuser les risques mais les évaluer pour les assumer et adopter à leur égard le juste comportement. Finalement, la prévention des risques renvoie elle aussi à des questions éthiques.

Quand un problème social se pose, le politique publie une loi pour apporter une réponse au problème. Un lycéen agresse un enseignant, on fait une loi aggravant l'atteinte à personne investie d'une autorité. Des jeunes sèment des troubles dans les quartiers, on fait une loi pour interdire les regroupements dans les escaliers des immeubles. Un malade commet un crime dans un hôpital psychiatrique, on fait une loi qui réduit l'irresponsabilité pénale pour causes psychiatriques. Les technologies numériques bouleversent les règles de l'échange de données et du téléchargement, on fait une loi pour interdire le piratage des œuvres via l'Internet. À travers cette évolution du droit, nous assistons à une révolution concernant le statut de la loi dans les rapports sociaux. La loi ne vient plus réguler le vivre ensemble mais apporter des réponses aux problèmes du quotidien, quitte à servir un clientélisme électoral par des effets d'annonce des décideurs politiques (Cf. le nombre de lois non appliquées).

Ce basculement des références à la norme légale a des conséquences directes dans les établissements et services sociaux et médico-sociaux. Plus d'un directeur est tenté de légiférer à outrance pour répondre à toutes les questions posées par le biais de la norme. Un enfant commet un acte répréhensible, on modifie immédiatement le règlement de fonctionnement pour intégrer cet acte dans la nomenclature des interdictions. Le règlement ne vient alors plus signifier le projet collectif de vie sociale mais border les comportements pour limiter les transgressions.

Concernant le travail quotidien, le même processus est en marche. Un dysfonctionnement est constaté, aussitôt, une procédure est écrite pour y remédier. Les procédures s'empilent ainsi, de manière opportuniste, en réponse aux évènements, au risque d'être en contradiction les unes avec les autres, au risque surtout de limiter comme peau de chagrin les marges d'action des professionnels.

L'émergence des démarches qualité dans les établissements et services sociaux et médico-sociaux banalise l'emploi de termes comme « protocoles », « procédures » ou « processus ». Ils n'emportent pourtant pas les mêmes conséquences. Le protocole est un concept inspiré des pratiques médicales : de son respect dépend la réussite de l'action, il se situe dans le registre de la consigne, c'est un ordre précis à respecter. La procédure, terme plus largement usité en action sociale, issu des concepts des qualiticiens est un ensemble de règles qui orientent l'action. Une procédure est un guide plus souple qu'un protocole. Le concept de processus est, quant à lui, systémique. Il porte plus sur l'articulation des interventions et leur agencement que sur un mode opératoire.

Ces rapides précisions sémantiques permettent d'éclairer la posture du directeur dans la problématique de prévention des risques. Le directeur limite le recours à des protocoles aux stricts domaines où ils sont inévitables. Il contribue à la production de quelques procédures signifiantes dans le but de formaliser un certain nombre de pratiques – celles qui peuvent l'être – mais en prenant garde d'y associer le plus largement possible les personnes concernées. Par contre, il intègre toutes les actions de l'institution dans des processus. C'est-à-dire qu'il les articule entre elles, leur donne sens les unes par rapport aux autres, les finalise. Les processus s'écrivent ou mieux encore se dessinent. Le projet d'établissement ou de service peut être le lieu privilégié de cette écriture des processus de travail.

Le directeur n'a pas systématiquement besoin de définir les processus. Cela ne concerne que les nouvelles actions, inexistantes jusque-là dans l'établissement. Le directeur ne crée pas les processus, il les valide. Il n'est donc pas le seul auteur des pratiques, il n'en est pas non plus le censeur. Il est celui qui reconnaît et authentifie ce que font les équipes. De plus, cette validation n'est pas le fait de sa bonne volonté – ou de ses humeurs ! – elle s'appuie sur le projet. Le directeur, en validant les processus, atteste de leur congruence avec le projet. Ce positionnement stratégique de la fonction de direction, plus délibérément situé dans la reconnaissance que dans la sanction négative, est une prise de position sur les questions de prévention des risques. Prévenir les risques, n'est-ce pas avant tout harmoniser les interventions pour accroître la cohérence interne du dispositif ?

Cette position qui valorise le « promoteur d'initiatives » plutôt que l'inquisiteur induit une représentation particulière sur les collègues de travail. Engagés dans des pratiques quotidiennes, les salariés sont-ils des agents ou des acteurs ?

Agents, ils sont conçus comme des exécutants. Leur rôle se borne à appliquer les directives. La sécurisation des pratiques au regard des risques se résume alors à des protocoles dont l'efficacité est proportionnelle à l'absence d'initiative de l'agent. L'agent est un subordonné et l'organisation vise à maintenir un lien qui inféode et aliène. La ligne hiérarchique est fortement verticalisée, peu discutable, souvent survalorisée par des consignes à forte connotation administrative.

Acteurs, les salariés sont avant tout reconnus comme disposant d'une capacité d'intervention sur le système pouvant en modifier la trajectoire. La sécurisation des pratiques repose sur la marge d'autonomie des personnes selon le principe que l'acteur est le mieux placé pour prendre la bonne décision au bon endroit et au bon moment du fait de l'expertise de sa position dans l'organisation (principe de subsidiarité). La gestion des risques est dans ce cas fondée sur les espaces mécaniques de jeux laissés au dispositif. L'acteur est un collaborateur qui apporte toutes ses compétences à la mise en œuvre du projet. L'organisation du travail va plutôt rechercher les transversalités qui complètent la ligne hiérarchique en favorisant des collectifs d'action et de réflexion.

Acteur ou agent, le directeur est lui-même marqué par son propre vécu, avant qu'il n'accède à une fonction de direction, du temps où il était – se vivait – lui-même comme subordonné ou collaborateur. Les expériences antérieures tendent à formater les manières de se positionner. Mettre à jour les ressentis de ce vécu peut être une bonne manière de clarifier ses propres représentations qui pèsent sur les collègues.

Pour éclairer cette nécessaire clarification, il est utile de rappeler que les postures professionnelles combinent deux dimensions, l'une tient aux capacités d'adaptation de l'individu dans son contexte de travail, il s'agit des conduites professionnelles, l'autre est prescrite par l'environnement, il s'agit des pratiques professionnelles.

Les conduites professionnelles renvoient plus à l'acteur personnel et à ses interactions avec son environnement. Elles mobilisent des manières d'être et de faire qui sont des stratégies d'adaptation (conformité, résistance, contournement, déni, etc.). Ces conduites s'agrègent à celles des pairs pour constituer des effets collectifs, des micro-cultures de référence. Elles sont souvent un peu décalées des pratiques professionnelles qui sont plus instituées qu'instituantes.

Les pratiques professionnelles sont liées à des références (déontologie, cadre légal, statuts, compétences attestées). Elles n'ont pas le caractère artisanal des conduites (qui reposent sur le savoir-faire, le tour de main, la culture orale…). Elles sont en surplomb des faits et gestes des professionnels, entendent les guider, voire les cadrer (par exemple quand il est question de recommandations de bonnes pratiques professionnelles).

# Chapitre 5

# Communiquer

**Activer des dispositifs d'information et de communication**

La communication est un axe essentiel de la fonction de direction. Un directeur qui ne communique pas est comme un artiste peintre qui n'exposerait jamais ses œuvres au regard du public. Agir sans montrer ce qui est fait, sans expliquer, sans valoriser revient à placer un voile noir sur les projecteurs.

Communiquer c'est rendre visible l'action. Mais communiquer fonde aussi l'action car, sans visibilité, l'action n'est rien. C'est pour cela que communiquer est un acte fondateur. Cependant, communiquer ne se réduit pas à cela. Communiquer, c'est aussi le moyen de construire une représentation partagée de l'action. En exposant l'action réalisée, la communication lui donne forme et la fonde selon une conception progressivement admise par tous. Chacun connaît en ce domaine la puissance normalisatrice des médias sur l'opinion publique.

Le directeur utilise les moyens de communication pour faire partager le plus largement des conceptions, des opinions, des représentations. C'est en communiquant qu'il fait avancer des projets, des idées, des avis sur ce qui est fait, le but poursuivi, les personnes concernées.

C'est à travers les processus de communication que se réalise un alignement des acteurs qui parviennent à parler le même langage, à penser ensemble à l'unisson sur des objets communs (prestations, projets, usagers).

En ce sens, nous pouvons admettre que communiquer est un acte mobilisateur. Certains diraient un acte d'enrôlement, c'est-à-dire un processus qui tend à développer une synergie de position et de pensée entre toutes les parties prenantes à l'action. Il est aisé de repérer qu'une institution qui communique se présente sous un jour plus dynamique que celle qui ne communique pas. Que ce soit en termes d'image ou en termes d'identité, la communication développe des forces positives.

Cependant, une limite doit être placée : communiquer peut, dans certains cas, ressembler à de la manipulation. La communication dont il est question ne peut être assimilée à du « bourrage de crâne ». Pour mobiliser, la communication ne doit pas chercher à conditionner mais à responsabiliser. C'est tout un programme qui se dessine, supposant une prise de conscience de ce qu'est la communication, un travail sur les faits et éléments sur lesquels elle s'appuie, une déontologie qui en limite les pratiques.

Communiquer, c'est mettre en forme. Ce n'est pas dire la réalité mais en construire une représentation abordable pour les interlocuteurs. Cette « in-formation » ne peut pas être un acte neutre ou objectif. Ce qui détermine les qualités intrinsèques d'une communication, ce n'est pas la « vérité » de son contenu mais la sincérité de son processus d'élaboration. Le processus qui prépare la communication est, déjà, en lui-même un moment de mobilisation collectif. C'est donc sans illusion que le directeur aborde la communication interne/externe de son établissement ou service social et médico-social. Par contre, il outillera cette démarche avec la rigueur d'une éthique qui engage ceux qui s'y associent.

Les objets sur lesquels porte la communication ne sont pas neutres. Leur choix relève d'une idéologie, c'est-à-dire d'un certain nombre de présupposés qui formatent implicitement le message. Les contenus en disent autant sur les valeurs que la forme du message. La forme de la communication révèle les conceptions sous-jacentes, les repères que se donne l'organisation. Par exemple, insister sur la respectabilité de l'histoire fondatrice de l'établissement ou service social et médico-social n'est pas la même chose que de présenter ses actions, ou encore de décliner ses règles administratives et de gestion. L'éclairage apporté à tel ou tel élément laisse les autres aspects dans l'ombre. C'est ce jeu d'ombres et de mise en lumière qui dit quelque chose du processus de communication. La figure de l'institution qui en émerge est fortement tributaire des choix réalisés en amont. Le directeur, pilote de cette démarche, porte une responsabilité particulière à éclairer ces options.

Le principe de sincérité devrait, en toutes circonstances, guider toute action de communication. C'est aussi à ce prix que communiquer éviterait la manipulation. La sincérité n'est pas la vérité mais la garantie d'une démarche qui ne masque pas ou ne travestit pas intentionnellement la réalité.

Communiquer c'est mettre en lumière. Toute mise en lumière est une « mise en ombre ». Révéler tel ou tel aspect de l'organisation revient implicitement, en creux, à choisir ce qui ne sera pas montré. Telle association qui met en valeur la dimension militante de ses actions en faveur de la promotion des personnes en situation de handicap va se montrer plus discrète sur sa fonction gestionnaire d'établissements ou de services destinés à la prise en charge ou à l'accompagnement de personnes atteintes d'une incapacité. En fait, elle ne met en lumière qu'une petite partie de son activité – une prise de position publique sur un dispositif législatif, une déclaration solennelle lors d'une assemblée générale, une démarche médiatisée auprès d'un député... – alors que la quasi-totalité de son budget est investi dans la production de prestations classiques. Telle autre, qui ne gère qu'un établissement, va survaloriser l'institution et ce qu'elle fait, tendant ainsi à lui donner une dimension importante dans le dispositif d'intervention sociale. Elle restera par contre discrète sur la forte militance des administrateurs sans l'investissement desquels l'organisation ne pourrait pas fonctionner.

Plusieurs plans de la vie et du fonctionnement des établissements et services sociaux et médico-sociaux sont ainsi mis en avant ou estompés selon les choix, explicites ou implicites, des communicants. Certains valorisent le plan professionnel, c'est alors la compétence des intervenants qui est mise en premier plan. D'autres s'intéressent à la notoriété de l'organisme gestionnaire, c'est alors l'histoire ou les conditions de la fondation de l'organisation qui sont exposées. Un autre plan consiste à privilégier la communication sur les actions conduites, c'est alors un descriptif précis des interventions qui dessine les contours de l'établissement ou du service. Plus rarement, l'accent est porté sur les usagers de l'institution, ce sont alors des témoignages de situations vécues qui supportent la présentation de l'organisation. Une vision plus administrative des choses amène à décliner l'identité de l'établissement ou du service à partir des cadres légaux encadrant les actions. La plupart du temps, ces plans sont habillés de quelques valeurs portées par l'organisme gestionnaire. Il est plus rare que la présentation de l'institution ne repose que sur ce registre des valeurs qui motivent l'action.

Tous ces choix sont des actes révélateurs des priorités et des préoccupations des responsables de l'établissement ou du service. Le directeur n'en est pas toujours le seul auteur. Certains conseils d'administration se réservent la politique de communication. Qu'il en assume directement la responsabilité ou non, le directeur anime le processus qui aboutit à une politique de communication. Il porte les questions qui vont permettre de faire des choix, d'orienter la communication.

Les supports de communication sont variés, de plus en plus variés. Aujourd'hui, il est de bon ton de disposer d'un site Internet. Il semble de plus en plus évident que les supports numériques s'imposent comme des vecteurs incontournables de la communication des organisations. Interne ou externe, la communication ne doit négliger aucun support. Leur choix relève d'une stratégie qui met en balance le montant de l'investissement (moyens, budgets, temps), les cibles visées (partenaires institutionnels, salariés, usagers, familles, tout public…), l'adéquation aux contenus (informations brèves, réflexions de fond, récits de la vie de l'établissement ou du service…), les facilités d'usage (compétences journalistiques, aisance technique…), les formes de communication (images, vidéo, textes…). Selon les cas, il sera fait le choix d'un bulletin interne sur support papier, d'un blog sur l'Intranet de l'organisation, d'articles dans la presse locale, d'un journal externe à plus ou moins large diffusion, d'une plaquette ponctuelle de présentation de l'institution, d'une présence dans les réseaux sociaux, etc. Les formes et les supports ne manquent pas. Ce qui fait le plus souvent défaut, c'est la mobilisation dans la durée qui permet de soutenir les supports de communication choisis. La ténacité à tenir une communication dans la durée est, elle aussi, révélatrice des choix opérés et des priorités fixées.

**Agir la communication médiatique**

Les journalistes présentent habituellement la communication médiatique selon trois dimensions : la communication institutionnelle, la communication de crise et la communication dynamique.

Dans la presse, la communication institutionnelle, c'est l'art de parler de sujets qui n'intéressent personne à des gens qui n'en ont rien à faire en passant par l'intermédiaire de journalistes qui ne sont pas directement concernés.

Cette dimension de la communication médiatique met en exergue tout ce qui sépare l'expert du profane. Pour le commun des mortels, les montages institutionnels des organisations d'action sociale ne présentent pas un grand intérêt. Le dispositif, public ou associatif, de gestion, ses modes de régulation, sa structure technique et administrative, sont autant d'éléments qui n'intéressent que les spécialistes. Ce qui compte dans l'opinion publique, c'est ce que produit l'institution. Les habitants sont plus sensibles aux caractéristiques du public accueilli dans l'établissement ou le service qu'à ce qui se dit dans les assemblées générales statutaires.

Comment parler de choses qui n'intéressent pas les autres ? Faut-il en parler ? Il est important que les professionnels du social quittent leur « entre soi » pour comprendre les attentes du public en matière de communication. Il semble en effet que les capacités communicantes des travailleurs sociaux soient largement entravées par leur isolement dans une culture qui leur est toute particulière, faite de jargon et de sigles que seuls comprennent les initiés. Un effort de communication plus ouverte est nécessaire, il participerait au développement d'une nouvelle légitimité de l'intervention sociale dans la société. Cela supposerait que le langage ne soit plus utilisé comme stratégie de différenciation et de mise à distance – cette distance qui sépare l'expert du profane – mais comme lien entre des mondes qui doivent se retrouver sur des objets communs.

En fait, le tout public s'intéresse aux institutions de l'action sociale quand il y a quelque chose qui pose problème. Les médias relaient alors ces informations qui font exception (les trains qui n'arrivent pas à l'heure) : une fugue d'une personne âgée d'un Etablissement d'Hébergement pour Personnes Âgées Dépendantes, un acte délinquant commis par un résident d'un foyer d'adolescents, l'incendie d'un établissement, l'accident lors d'une sortie, la grève d'une partie du personnel, etc. Mais les faits ne révèlent pas, loin s'en faut, la réalité quotidienne qui fait la vie ordinaire des établissements et services sociaux et médico-sociaux. Le « scoop » ne montre pas comment les personnes âgées désorientées parviennent à préserver quelques repères dans l'ambiance d'un établissement adapté à leurs troubles. Il ne montre pas plus les patients efforts des éducateurs pour proposer un cadre de vie structurant à des jeunes en souffrance avec les règles de la vie sociale. Pas plus qu'il ne révèle la technicité des équipes d'entretien qui veillent à la bonne marche de ces organisations complexes. La mise en exergue d'un incident ne décrit pas le travail quotidien des équipes, pas plus qu'un mouvement du personnel ne révèle l'investissement militant des acteurs.

Quand il y a crise, le réflexe est souvent de ne pas communiquer, de protéger les usagers, de ne pas exposer l'établissement au voyeurisme d'une opinion publique avide de sensations fortes. Le réflexe est naturel... mais puissamment contre-productif ! L'effet est toujours très négatif quand, lors d'un reportage télévisé sur un incident, le film s'achève sur un gros plan du portail de l'institution avec pour tout commentaire : « La direction a refusé de nous recevoir ». C'est précisément quand il faudrait expliquer que l'institution se ferme sur elle-même, alimentant tous les fantasmes du public (l'affaire des disparues de l'Yonne a laissé des traces dans la mémoire populaire).

Finalement, la communication médiatique de crise, c'est l'art de ne pas trop en dire sur des évènements qu'il vaudrait mieux taire devant des gens qui veulent tout savoir en évitant des journalistes très indiscrets.

Comment ne pas parler de trop quand les autres veulent tout savoir ? Que faut-il dire alors ? Ici encore, la levée de la frontière qui sépare les spécialistes des non-initiés est une condition préalable qui facilite la communication en cas de crise. Plus l'institution est médiatiquement socialisée, plus elle fait partie de l'environnement habituel des habitants plus il est facile de traiter les accidents de parcours. Parce que l'organisation est déjà connue et que cette connaissance réduit la montée en puissance du soupçon quand quelque chose d'anormal se produit. Telle maison de retraite, parfaitement intégrée dans son environnement, communiquant régulièrement sur les manifestations qu'elle organise pour ses résidents en associant les voisins, ne sera pas soupçonnée d'être maltraitante quand un accident s'y produit, voire même, les voisins n'hésitent pas à y reconduire le résident désorienté qui s'est écarté de la propriété.

La communication médiatique des établissements et services sociaux et médico-sociaux ne serait-elle pas complexifiée par la tendance des institutions d'action sociale à se tenir à l'écart du monde, à distance de leurs usagers, en méfiance par rapport à leur environnement ?

Dans la majorité des cas, les organisations du social cherchent surtout à communiquer quand ça va bien, pour mettre en valeur telle action réussie, pour annoncer la création de nouvelles activités, pour rendre compte d'un projet mené à terme. Cette communication dynamique est plus positive que la communication de crise, moins rébarbative que la communication institutionnelle. Elle devrait spontanément susciter de l'intérêt dans l'opinion publique.

Et pourtant, ce n'est pas si simple. La surprise des professionnels est parfois grande de constater que le point presse qu'ils ont organisé pour communiquer sur une activité n'a pas déplacé des foules de journalistes.

En effet, il est délicat d'accrocher l'intérêt du public sur des sujets qui présentent souvent une certaine complexité. Quels que soient les supports d'action, le travail social reste une affaire compliquée à comprendre. De plus, le travail social se situe toujours « à côté » quand ce n'est pas « hors de ». Quelques flashs plutôt qu'un long exposé pour illustrer la posture particulière du travail social dans la société :

Les personnes en difficulté sociale sont perçues comme vivant à côté de la société, pouvant se passer d'elle et donc apparaissent comme menaçantes. Les actions qui leur sont destinées sont spontanément assimilées à cette extériorité.

Les mineurs en danger renvoient une image abjecte de la relation entre parents et enfants. La maltraitance est inacceptable dans une société qui tend à idéaliser l'enfance. Les actions visant à prendre en charge des familles où les enfants sont en danger renvoient à un déni de l'insoutenable des violences familiales.

Les personnes âgées dépendantes cristallisent la figure repoussante du vieillissement et de la déchéance. Les actions permettant la prise en charge de ces pathologies du grand âge sont difficiles à intégrer dans le fonctionnement normal d'une société qui rejette l'idée de la mort.

C'est parce que le travail social traite des dysfonctionnements de la société qu'il occupe une position « hors de » ou « à côté ». Cela rend délicate sa capacité à communiquer ordinairement et positivement sur les actions qu'il développe. Vu la complexité de ses objets, vu les ressentis qu'il provoque, vu les faits qu'il révèle, le travail social doit inventer un mode de communication qui accroche sans faire peur, qui montre en suscitant l'intérêt pour des sujets qui cependant inquiètent, qui expose les choses sans tomber dans l'impudeur. Pour cela, il doit utiliser les méthodes de communication les plus pointues pour attirer l'attention du public à partir de ses centres d'intérêts pour l'amener ensuite à aborder des questions essentielles de la vie sociale.

En fait, la communication médiatique dynamique, c'est l'art d'accrocher l'intérêt du public sur des sujets accrocheurs, avec des titres accrocheurs et courts par des photos accrocheuses à l'aide de textes extrêmement brefs pour aborder des sujets de fond.

Qu'il s'agisse de communication institutionnelle, de situations de crise ou de communiquer sur les projets et actions, le directeur, par sa position d'interface entre le dedans et le dehors de l'établissement ou du service social ou médico-social, occupe une place stratégique déterminante pour concevoir, maîtriser et pérenniser la communication médiatique de son organisation.

**Développer de la visibilité**

L'enjeu de visibilité pour les établissements et services sociaux et médico-sociaux se présente en trois dimensions imbriquées et complémentaires : être vu, voir et mémoriser. Ce sont trois plans de communication qui articulent des questions de légitimité, de traçabilité et de conservation de ces traces.

Tout d'abord, il faut nous départir d'une conception simpliste des rôles, essentiellement héritée des représentations monarchiques. Le directeur n'est pas le seul acteur visible de l'institution.

La visibilité, quand elle concerne les personnes, met en scène trois catégories d'acteurs. Les représentants de l'organisme gestionnaire d'abord. Cette part plus institutionnelle de la visibilité des établissements et services sociaux et médico-sociaux est importante car elle atteste que les organisations ne sont ni apparues par génération spontanée ni autosuffisantes. Elles sont nées de la volonté de porteurs de projets, citoyens en association, décideurs politiques via une collectivité publique, plus rarement une personne physique. Développer la dimension politique par la visibilité des administrateurs corrige et complète une vision trop strictement techniciste de l'organisation. L'autre catégorie d'acteurs qui doit « être vue », ce sont les professionnels. Parmi eux, le directeur. Mais le directeur n'est pas le seul. Là encore, la partition des rôles, la clarification des places, le repérage des positions d'acteurs doivent fonder la communication. Quand le directeur confisque seul la visibilité de l'équipe, il masque la richesse et la diversité des intervenants, c'est dommage ! Les communications les plus riches sont souvent celles qui n'hésitent pas à mettre en scène, pour les valoriser, les différents professionnels intervenant en pluridisciplinarité. La dernière catégorie d'acteurs qu'il y a un grand intérêt à rendre visible, ce sont les usagers eux-mêmes et, selon les situations, leurs familles. Cette catégorie est souvent oubliée, comme si ce n'était pas un problème d'omettre l'essentiel. Ce serait un peu comme une école qui ne montrerait aucun élève, comme un hôpital sans malades, un train sans voyageurs. La visibilité des usagers est un enjeu majeur de la visibilité des institutions du social. Ils représentent la raison d'être et la finalité des établissements et services sociaux et médico-sociaux. Certes, les difficultés qu'ils portent, quelles qu'en soient les causes, ne se médiatisent pas aisément. Il y a visibilité et visibilité. Un manque de pudeur peut conduire à l'indécence, une visibilité raisonnée et respectueuse des personnes peut aider à connaître et à comprendre, à faire connaître et à aider à mieux comprendre.

Au travers de cette volonté d'être vu se révèle un enjeu fort de légitimité. Il y a urgence à ce que les institutions du travail social ne soient plus transparentes dans la société. C'est à ce prix qu'elles ne seront pas des lieux de mise à l'écart, pire, des espaces de relégation, pire encore, des ghettos. Leur manque de visibilité cautionne la volontaire cécité d'une société qui peine à assumer ses dysfonctionnements, à voir les problèmes sociaux et l'exclusion qu'elle génère, à accepter le handicap, la dépendance et la mort comme des éléments inhérents à la vie elle-même.

Être vu suppose de prendre les moyens de construire une politique de communication tous azimuts. Cela implique également de développer une stratégie de publication : mettre sur la place publique des objets visibles et compréhensibles qui montrent l'institution. Pour ce faire, ce point a déjà été évoqué, un changement de culture doit s'opérer : il faut que les professionnels parviennent à décrire leurs pratiques, à en définir les supports pertinents et attrayants, à maîtriser les techniques de transmission.

L'accumulation de traces qui permettent de raconter, de dire ce qui est fait, de montrer, est la condition sine qua non de cette nécessaire visibilité des institutions du social. Le premier intérêt d'une politique des traces est de rendre visible l'organisation pour les acteurs eux-mêmes. Pour communiquer à l'extérieur, il faut déjà savoir qui on est. La réalisation de documents (au sens large du terme) qui permettent de relater ce qui se passe et la manière dont les choses sont faites facilite le développement d'une identité collective, d'un sentiment d'appartenance. C'est là le point de départ de toute visibilité. Des acteurs mal assurés de leur position, en doute sur leur identité collective, ne portant pas un fort sentiment d'appartenance, ne sauront pas rendre visible l'organisation de manière pertinente.

Le directeur aide à améliorer la visibilité de l'institution en contribuant activement à organiser cette politique des traces. Il prend les moyens de les organiser, de les finaliser, de modéliser leur réalisation.

Dans ce chapitre relatif à la communication, de grandes précautions sont prises pour éviter, malgré le thème de l'ouvrage, de centrer la problématique sur la seule personne du directeur. La communication ne peut être le fait d'un seul homme. Sauf à sombrer dans une vision autocratique de la fonction de direction, il faut affirmer que la communication est une affaire collective qui mobilise tous les acteurs. Le directeur, s'il fait obstacle à cette dynamique, devient l'alpha et l'oméga de la communication. La visibilité, c'est lui, les traces c'est son discours (voire ses écrits), la mémoire, c'est encore lui ! Il est la communication à lui tout seul et son omniprésence est le symptôme de son omnipotence...

Le directeur ne peut constituer la seule mémoire de l'institution. D'abord parce qu'il s'agit d'une mémoire vive et chacun sait qu'elle se perd, comme pour un ordinateur, lorsqu'on débranche l'alimentation. Cela nous ramène à la question des traces. La mémoire de l'organisation – toutes ces descriptions accumulées – est stockée sur des supports qui permettent sa conservation, sa reproduction, sa transmission vers d'autres supports, son exploitation (analyse, tri, comptage...). C'est le dépôt des traces sur des supports matériels – chacun pense spontanément à des supports de type numérique – qui permet de les rendre visibles, lisibles par d'autres. C'est le meilleur moyen d'éviter que la mémoire ne soit que l'apanage des anciens, c'est-à-dire livrée aux interprétations de quelques-uns.
La difficulté de cette opération est que nous disposons aujourd'hui de moyens techniques qui permettent de tout conserver. Selon le principe que trop d'information rend inutile l'information parce qu'il ne s'agit plus d'une mise en forme mais d'un chaos cumulatif, il convient de trier. Sélectionner les traces qui constitueront la mémoire historique de l'organisation revient à se centrer – ici encore ! – sur l'essentiel, à faire des choix. Ce n'est pas l'exhaustivité qui fait la valeur des traces mais leur pertinence. Il convient donc d'enclencher, en plus du processus de conservation des traces, une dynamique de hiérarchisation des documents. En tête, se trouvent les documents qui seront conservés sans délai, en queue de classement se trouvent les éléments de la file active qui ont une durée de vie limitée. Ces délais de péremption sont guidés par deux logiques : les règles fixées par la législation (conservation des archives), les stratégies de conservation propres à l'organisation. C'est l'efficience de ces choix qui rend

opérationnelle la visibilité de l'établissement ou du service social et médico-social à travers le temps.

**Favoriser de la lisibilité**

L'enjeu de lisibilité pour les établissements et services sociaux et médico-sociaux introduit une autre série d'interrogations. Jusqu'où faut-il rendre lisible les choses ? Trop montrer, c'est impudique, ne rien montrer, c'est de la pruderie. En cette matière, il n'y a pas de position médiane qui ne serait qu'une combinaison stérile de ces deux extrêmes inconciliables. La posture idoine réside plutôt dans une interrogation éthique des concepts d'intimité, de secret et de transparence.

L'intimité n'est pas l'art de ne rien dévoiler. C'est la possibilité de se sentir protégé dans la relation à autrui, ni trop exposé – ce qui est un danger – ni trop caché – ce qui empêche la relation. Le Code de l'Action Sociale et des Familles le dit, les usagers des établissements et services sociaux et médico-sociaux doivent être garantis dans le respect de leur intimité. C'est donc une responsabilité particulière du directeur que de préserver l'espace intime des usagers, la même règle s'appliquant aux salariés, cette fois en référence au Code du Travail. Penser l'institution sous le signe de l'intime, revient à repérer les espaces – physiques et symboliques – qui constituent des niches dans lesquelles les acteurs se sentent protégés pour vivre pleinement la relation à l'autre, aux autres. Le directeur n'a de cesse que de construire et préserver ces espaces. Cette position s'oppose radicalement à une conception de la fonction de direction qui prétend tout voir, tout savoir, tout maîtriser. Les règles éthiques de l'intimité imposent au directeur d'accepter que quelque chose lui échappe, que des lieux imperméables au regard lui résistent.

Le secret introduit une dimension plus forte que l'intimité : c'est ce qui doit être tu. Non pas parce que personne ne sait ou ne doit savoir mais parce que cela ne peut être dit sans violer gravement l'intimité de la personne concernée. Le secret est, par définition, connu, mais il ne peut être communiqué. Par essence, le secret se partage. Ce qui le constitue comme secret, c'est le périmètre réduit de ce partage. Dans une institution d'action sociale, la délimitation d'espaces où sont conservés des secrets est une question importante et délicate. Une première définition du secret est donnée par le Code Pénal qui a la prudence de ne pas définir ce qu'est un secret mais qui délimite les personnes qui par état, par profession ou par fonction, peuvent opposer le secret – en l'occurrence le secret professionnel – au juge. Tout le reste, ce qui n'est pas défini par la loi, est affaire de conscience, d'éthique personnelle ou de déontologie. Cela ne simplifie pas la tâche du directeur qui doit fréquemment traiter de ces questions des périmètres du secret, ce qui est possible, souhaitable, toléré ou impossible. Par exemple, ce qui se trame dans le bureau du psychologue est-il soumis au secret ou y-a-t-il une obligation de rendre compte à la hiérarchie ? La lisibilité de l'institution suppose une clarification des espaces secrets.

La transparence est un concept ambigu. Quand il s'applique aux institutions du travail social, le terme est employé à la fois pour parler de visibilité de ce qui se passe à l'intérieur de l'établissement ou du service – ce sont alors les murs qui sont transparents – et pour évoquer l'invisibilité de l'institution – on parle alors d'organisation transparente au regard.

Si la transparence consiste à ne rien cacher, nous revenons à l'impudeur pointée au départ de cette réflexion. Une institution qui montre tout est indécente, irrespectueuse de ses usagers. Elle les expose et cela compromet gravement leur bien-être. Ces situations surviennent plus souvent qu'on ne le pense. Par exemple, à l'occasion d'un reportage ou pire encore quand survient un fait divers qui se trouve médiatisé. L'impudeur relève d'abord de la responsabilité de l'établissement ou du service avant de concerner les usagers. C'est le cadre qui doit d'abord être protecteur. Quand un usager décide de se mettre en avant, de se livrer devant des caméras, il s'agit bien de sa responsabilité. Mais quand l'institution ne propose aucune limite pour protéger ceux qui ne souhaitent pas s'exposer, elle est en faute. Pire quand l'établissement ou le service organise la « mise en vitrine » de ses usagers, il commet une atteinte gravissime à l'intégrité des personnes qu'il est censé protéger.

Si la transparence consiste à se soustraire aux regards, à être invisible dans le paysage, nous revenons aux enjeux de visibilité exposés plus haut. Une institution sociale n'a rien à gagner à ne pas être perçue par son environnement. Sa visibilité peut en revanche être « discrète » ce qui est une autre affaire qui concerne alors l'harmonie de son intégration dans son milieu. Une institution discrète est mieux à même de résister aux tentations voyeuristes des personnes qui l'entourent.

Il apparaît bien difficile de se repérer dans ce dédale d'espaces qui, au sein de l'organisation, doivent préserver l'intime, garantir le secret, ne pas être trop transparents tout en promouvant la visibilité. Il faudrait inventer un balisage de l'institution qui, un peu comme un code de la route, identifierait les espaces. Cette signalétique permettrait à l'usager de se repérer et contribuerait, pour ce dernier comme pour tout autre interlocuteur, à améliorer la visibilité et la lisibilité de l'organisation.

Les espaces institutionnels s'étageraient entre eux en partant des zones les plus « publiques » aux zones les plus « secrètes ». Prenons, avec un peu d'humour et à titre d'illustration de ce projet topographique, l'image d'un établissement : L'accueil est une place publique (sens giratoire) ouverte à tous qui offre la possibilité de s'orienter (couloir de présélection). Les couloirs sont des lieux de transit (voies pour automobiles) qui distribuent les lieux d'activité (voies de sortie). La salle de réunion est un espace semi-public, seuls y sont admis les invités (stationnement réglementé) selon des objets de travail précis : synthèses, réunions d'admission, rendez-vous. La salle de restauration nous fait pénétrer dans les espaces dévolus aux usagers, à ceux qui vivent ici (accès réglementé), elle reste cependant ouverte à un grand nombre de personnes. Les chambres des usagers font l'objet de restrictions fortes, on n'y entre pas n'importe comment et sans y avoir été autorisé (sens interdit sauf riverains ou personnes autorisées). Le bureau du psychologue fait l'objet d'un stationnement réglementé du fait que ses règles sont spécifiques et se distinguent du bureau des éducateurs (parking conseillé avec horodateur). Il est possible à chacun de poursuivre la déclinaison des lieux et leur codification en écho aux règles routières. Mais comment qualifier le bureau du directeur ? Plusieurs panneaux de signalisation lui seraient applicables selon les situations : carrefour avec priorité, sens unique, voie sans issue ?

**Faciliter de la compréhension**

Pour conclure ce chapitre sur la communication, un point d'insistance s'impose : communiquer n'est pas un monologue ni une « voix » à sens unique. Communiquer, nous l'avons vu, c'est interagir. Communiquer, c'est croiser les points de vue. Il ne s'agit pas d'une simple position idéologique mais aussi d'un principe méthodologique qui guide la stratégie de communication que développe le directeur dans l'établissement ou le service dont il a la responsabilité.

Procéder à la confrontation des approches des uns et des autres contribue à construire de la compréhension mutuelle et à construire de la compréhension collective de cet objet commun qu'est l'établissement ou le service.

Le principe de disparation est une règle d'optique qui est le nom savant de la vision binoculaire. Il s'agit de la superposition de deux angles de vue qui perçoivent des plans différents. C'est la combinaison de ces plans qui crée une image en trois dimensions, c'est-à-dire qui inclut la profondeur de champ. C'est ce principe théorique qui s'applique à la communication : plusieurs « voix » permettent de livrer une image plus complète de la réalité, de mettre de la perspective là où une vision monoculaire (la seule « voie » du directeur ou du Président) laisserait à plat la perception de l'institution. C'est la pluralité (des vues, des approches, des perceptions, des voix) qui enrichit la communication, qui complexifie le message pour mieux rendre compte de la complexité de la réalité. C'est cette pluralité qui facilite la compréhension de l'établissement ou du service social et médico-social sous toutes ses composantes.

Finalement, il n'y a pas d'intérêt à ce que le directeur soit seul à comprendre l'institution. L'intérêt d'une dynamique communicationnelle fondée sur les quelques principes exposés dans ces pages est de développer une compréhension partagée. L'important n'est pas de tout comprendre mais de comprendre ensemble.

La communication comme levier de compréhension nous ramène à l'étymologie du verbe « comprendre » : prendre ensemble.

# Chapitre 6

# Piloter la logistique

**La technique et le politique : un rapport inductif**

Chacun convient que l'intervention sociale s'est, au cours des dernières décennies, technicisée dans des proportions inouïes. Ce contexte de technicisation des processus n'est pas propre au champ social et médico-social. Le secteur sanitaire – depuis bien plus longtemps que le social – les activités pédagogiques, de services, tout ce qui a trait au travail relationnel, se sont confortés, professionnalisés, spécialisés, par la mise en place de procédures de plus en plus précises.

Cette évolution est à rapprocher de la professionnalisation des « métiers » (référentiels métiers, de compétences, de formation…). La formalisation est en marche, elle repose sur de nouvelles approches qualitatives assurées par des démarches d'évaluation et la construction de cadres d'action (recommandations diverses et variées relatives aux pratiques professionnelles).

Cette évolution est à rapprocher également de l'encadrement administratif renforcé des activités du secteur social et médico-social. Les procédures d'autorisation, définies dans la loi rénovant l'action sociale et médico-sociale (2002) et reprécisées, notamment, dans la loi portant réforme de l'Hôpital et relative aux Patients à la Santé et aux Territoires – HPST – (2009) structurent l'activité et le développement de l'action sociale. Les modalités de pilotage des dispositifs sociaux d'intervention sont de plus en plus cadrées par des instances ad' hoc (Agence Nationale de l'Evaluation et de la qualité Sociale et Médico-sociale, Agence

Nationale d'Appui à la Performance...). Le fonctionnement budgétaire est encadré, depuis le décret du 22 octobre 2003 jusqu'aux dernières dispositions en matière de convergence tarifaire, de contrats pluriannuels d'objectifs et de moyens, de dotations et de contrôle. La conformité des établissements et services sociaux et médico-sociaux est vérifiée par les autorités de contrôle qui se dotent de plus en plus des moyens concrets d'exercice de ces missions.

Tous ces éléments, depuis la loi du 30 juin 1975 relative aux institutions sociales et médico-sociales, contribuent à techniciser toujours plus l'activité des établissements et services sociaux et médico-sociaux.

Cela a un effet réducteur sur le statut et la fonction du travail social dans notre société. En effet, l'écran de la technicité tend à masquer les enjeux politiques sous-jacents.

Les associations d'action sociale ont déjà failli perdre leur âme à s'appliquer, au cours des quarante dernières années, à être de bons gestionnaires des deniers publics qui leur étaient confiés pour mener à bien leur mission d'utilité sociale. Après avoir dépassé le temps de la militance fondatrice, elles ont cherché de nouveaux gains de légitimité en s'affirmant comme des opérateurs experts. Ce mouvement est à rapprocher de la professionnalisation qui, depuis l'après-guerre, a structuré ce champ d'activité en créant, notamment, les grandes qualifications des métiers du social. Ce que les associations n'ont pas immédiatement perçu, c'est qu'à s'efforcer à être les plus pointues possible au plan technique, elles mettaient sous le boisseau leur raison d'être essentiellement politique.

Cette mise à l'écart de la dimension politique de l'intervention sociale provient sans doute du redoutable clivage qui est entretenu dans nos cultures occidentales entre technique et politique. Un peu comme si ces deux dimensions de l'intervention sociale ne pouvaient exister ensemble. La coupure culturelle entre technique et politique a eu notamment un effet réducteur pour les associations d'action sociale : mettre en œuvre les politiques sociales n'autoriserait pas de développer une posture politique sur ces mêmes politiques. Cette rupture praxéologique a facilité ce que certains dénoncent sous le terme d'instrumentalisation des associations d'action sociale. Tout naturellement, les autorités de contrôle sont devenues des « tutelles » attestant ainsi du statut d'incapacité desdites associations. Tout naturellement, les autorités publiques se sont autorisées à considérer les associations comme de simples exécutantes de leurs politiques, leurs bras armés en quelque sorte, les privant de leur autonomie. Tout naturellement, les associations d'action sociale se sont mises à penser, et à se penser, en miroir des organisations administratives qui les gouvernaient. Or, aujourd'hui, l'avenir des associations d'action sociale passe par leur capacité à repolitiser leur raison d'être.

Ce détour par l'exemple des associations d'action sociale permet de comprendre pourquoi il paraît clair que l'action sociale doit être une affaire politique. Sinon, elle est condamnée à disparaître. Non pas à disparaître en tant que telle, mais à ne plus être le levier essentiel de l'ambition solidaire d'une société d'égalité et de fraternité.

Dans ce contexte d'une nécessaire repolitisation de l'action sociale, le directeur doit tenir cette dimension de l'action de son équipe sinon, il risque de la laisser se réduire à l'application de méthodes vides de sens.

Le directeur se trouve donc placé en position d'interface entre technique et politique. S'il veut éviter la position de grand écart il doit réincorporer technique et politique l'un dans l'autre. En effet, ces deux dimensions sont constitutives l'une de l'autre. Elles ne peuvent être séparées, sinon, le risque est grand de revenir aux clivages stériles qui, depuis la philosophie grecque, séparent le monde des idées de celui des objets, le domaine du projet de celui de l'action, le sacré du profane.

Pour illustrer cette nécessaire réincorporation de la technique dans le politique et réciproquement, il n'est pas besoin d'aller chercher bien loin. L'informatique apparaît comme la quintessence de la technique. Si on isole la technique – acte de mise en forme – de la politique – contenu du message – l'informatique ne serait que l'opération de numérisation d'un message dont elle est seulement le vecteur. Cette mise en forme – in-formation – n'aurait pas d'impact sur le contenu du message puisque la technique serait une instance neutre et autonome qui ne serait pas concernée par les messages qu'elle véhicule, pas plus que le message n'aurait d'effet sur le vecteur de sa transmission. Chacun sait qu'il n'en est rien. Pour entrer un peu plus dans le détail de cet exemple, chacun a expérimenté l'acte d'écriture en utilisant un logiciel de traitement de texte. Qui peut dire que l'usage d'un logiciel ne modifie rien, qu'écrire avec un stylo ou avec un clavier revient au même ? La forme modifie le fond tout comme le message modifie la forme et le support technique. Regardez ce que sont devenus les téléphones portables quand les adolescents les ont utilisés pour communiquer : le message verbal s'est mué en signes (textos) et en images et les supports techniques, forts éloignés de l'invention de G. Bell, sont devenus des terminaux informatiques dotés de claviers et de caméras vidéo. Fond et forme sont en interaction tout comme politique et technique. Ils entretiennent ensemble un rapport inductif et non pas déductif comme le laisse croire l'évidence. C'est-à-dire qu'ils s'influencent réciproquement, ils sont en interaction.

**La fin et les moyens : un rapport transductif**

Le rapport inductif entre technique et politique conduit à observer un autre rapport, celui qui organise la finalité de l'action avec les moyens mis en œuvre. Ce n'est plus ici un rapport inductif qui est en jeu mais un rapport transductif.

L'induction, c'est le principe de l'interaction alors que la transduction va beaucoup plus loin. C'est le principe de la configuration de l'un par l'autre. Est transductif un rapport qui lie le destin des deux termes d'une même réalité : l'un ne peut exister sans l'autre, leurs genèses respectives sont interdépendantes.

Pour percevoir l'opérationnalité de ces concepts, un détour par une citation de Gandhi est nécessaire : « La fin est dans les moyens comme l'arbre est dans la graine ». Cette affirmation dit exactement le contraire de ceux qui prétendent que « la fin justifie les moyens ». Cette dernière expression est en effet utilisée pour dire que l'objectif visé permet de recourir à des méthodes qui, mêmes non congruentes, garantissent de l'atteindre. C'est ainsi que la théorie de la guerre juste a pu être construite dans la religion catholique pourtant réputée pour défendre toute atteinte à la vie humaine...

Il est cependant possible d'entendre le verbe « justifier » non comme l'équivalent de « légitimer » mais comme le synonyme de « conditionner ». Nous passons ainsi de l'idée « la fin légitime tous les moyens » à « la fin est conditionnée par les moyens mis en œuvre ». Autrement dit, des moyens iniques visent une fin injuste (non-juste) alors que des moyens éthiques servent une fin moralement juste. C'est cela que voulait signifier Gandhi en affirmant que toute chose est dans tout et que la graine contient déjà l'arbre. Il ne s'agit pas d'un déterminisme aveugle mais d'une conception du monde fondée sur le principe d'harmonie. Cette posture philosophique est un élément central du principe de direction.

C'est ainsi, par exemple, que les notions de respect et de reconnaissance trouvent leur sens, non dans l'affirmation volontariste de quelques déclarations de principes (projet d'établissement, discours du directeur...) mais dans la mise en œuvre concrète d'actes de sollicitude à l'égard des acteurs, de tous les acteurs, quelle que soit leur position dans l'organisation. Des professionnels inféodés aux usagers, soumis à leur bon vouloir et subissant de ce fait des conditions de travail irrespectueuses, ne sont pas au service de leur bien-être. Ce n'est pas reconnaître les usagers que ne pas respecter les professionnels qui œuvrent à leur côté. L'arbre est dans la graine par la recherche, animée essentiellement par le directeur, d'une véritable cohérence entre le respect des usagers et le respect des professionnels. Une institution juste pour ses usagers est indubitablement juste pour ses salariés.

Une institution juste pour ses salariés dispose de plus de potentiel pour être respectueuse de ses usagers.

Piloter la logistique institutionnelle, c'est donc, de la place du directeur, rechercher la congruence entre la fin et les moyens en s'appuyant sur une interaction qui réincorpore la technique et le politique. Cette grille d'analyse offre une perspective de lecture passionnante sur la genèse institutionnelle. Que le directeur soit à l'origine de l'organisation ou qu'il en hérite en prenant ses fonctions, il doit être attentif à la manière dont elle s'est construite, à ses principes fondateurs, aux formes de mise en œuvre choisies, aux modalités d'organisation retenues.

De l'idée d'œuvre à l'action réalisée, la genèse institutionnelle est fondée sur une praxis qu'il y a tout intérêt à mettre en lumière, à dévoiler, à comprendre. De l'intention à l'activité concrète, il y a un chemin sinueux et semé d'embûches qui met à mal la cohérence pourtant nécessaire entre les dimensions techniques et politiques et qui brouille l'harmonie entre la fin et les moyens.

Les institutions ne naissent pas dans les roses comme les petites filles, elles sont le fruit de compromis parfois douloureux. Elles portent en elles des contradictions quelquefois irréductibles. Il n'y a pas de ligne droite dans leurs genèses, ce serait trop simple ! Les institutions sont des systèmes complexes, et particulièrement les établissements et services sociaux et médico-sociaux du fait de la nature de leurs objets de travail.

Ces constats configurent notablement la fonction de direction. Le directeur n'a de cesse de remettre l'ouvrage sur le métier pour faire évoluer la cohérence interne du système. Il ne travaille pas à partir d'un idéal projeté mais selon une démarche pragmatique, pas à pas. La cohérence globale n'est pas donnée, elle se construit. Elle n'est pas le fait d'une volonté supérieure mais le produit d'une laborieuse construction, d'une conquête patiente et obstinée sur la tendance entropique de l'organisation, sur le chaos toujours menaçant. C'est à cette ténacité qu'est invité le directeur, sans illusion mais sans abdication non plus.

Selon cette analyse de la genèse de l'établissement ou du service social ou médico-social qu'il dirige, le directeur est invité à repérer les cycles institutionnels qui font repère dans l'histoire. L'approche historique est indispensable à une compréhension fine des forces en présence dans l'organisation. La logistique organisationnelle est puissamment influencée par l'histoire, celle qui marque les murs – l'architecture, la localisation, la taille… – mais aussi celle qui est portée par les acteurs – depuis les anciens qui se souviennent avec nostalgie jusqu'à l'inconscient institutionnel qui se transmet de génération en génération. Piloter la logistique c'est donc aussi – et peut-être d'abord – tenir compte des forces telluriques qui conditionnent l'organisation. Cet aspect a déjà été évoqué précédemment.

Le repérage des cycles institutionnels est une œuvre d'élucidation que le directeur peut conduire assez aisément, surtout dans les premiers temps de sa prise de fonctions, avant qu'il ne soit lui-même pris dans les mouvements tectoniques de l'établissement. Il suffit pour cela d'écouter ce que disent les acteurs, de lire ce qu'a écrit l'institution, de repérer les dates clés. C'est à la fois une ontogenèse – la création et la croissance de l'organisation en tant que sujet – et une psychogenèse – la manière dont les représentations en présence ont conditionné cette évolution, depuis le mythe fondateur jusqu'à la contemporanéité des discours et à leurs effets – qui sont analysées par le directeur dans le but d'identifier tous ces linéaments qui tissent du lien institutionnel, avec ses forces et ses faiblesses, sa santé et ses perversions.

**Les normes et les usages : un rapport dialectique**

Piloter la logistique, entre technique et politique, fin et moyens, histoire et actualité, c'est mettre au clair l'organisation avec les normes qui la structurent, c'est se mettre au clair avec le rapport aux normes.

La question des normes fait passer l'analyse de l'influence réciproque du rapport inductif à la contamination interdépendante du rapport transductif pour aboutir au rapport dialectique des normes et des conduites. Entre ce qu'elle veut être et ce qu'elle est, l'institution vit en tensions : tension entre l'intention et l'acte, tension entre l'idéal projeté et le réel vécu, tension entre l'utopie et la réalité... Le rapport de l'organisation à ses propres normes est identique au rapport aux normes des individus. Il se situe la plupart du temps entre soumission et subversion.

Dans une organisation de travail, porteuse de projets, le directeur joue un rôle important dans l'élaboration et l'imposition de normes de fonctionnement. Mais c'est sans illusion qu'il doit assumer cette partie de son rôle. Son pouvoir normatif ne vise pas à contraindre tous les comportements mais à toujours rappeler les postures auxquelles sont invités les acteurs, à toujours redonner l'objectif poursuivi.

La puissance normative du directeur n'est pas un pouvoir sur les faits eux-mêmes. La production normative ne peut viser l'équilibre absolu de l'organisation – ce qui est un état de mort tant pour les institutions que pour les vivants. La posture du directeur en ce qui concerne le rapport aux normes, c'est plutôt l'art de se tenir en tension entre stabilité et mouvement. La première responsabilité du directeur, c'est de laisser ouvert cet espace de travail qui permet à chacun – acteurs et organisation – de négocier constamment son propre rapport aux normes. La conviction sous-jacente à cette position, c'est que les normes ne sont jamais fixées une fois pour toutes. Issues de la vie elle-même, elles s'y meuvent, mutent, évoluent sans cesse, invitant en conséquence les vivants – personnes ou institutions – à se repositionner inlassablement dans ce mouvement vital.

Une des illusions du directeur c'est de croire qu'il suffit de décréter pour que les choses soient faites comme il l'entend. Or il y a toujours un écart entre le souhaitable et ce qui est fait, entre la consigne et l'exécution. C'est avec cet écart que le directeur doit travailler. Sans écart, la machine serait bloquée... Mais toute la difficulté, du point de vue du directeur, c'est d'éviter que cette distance irréductible entre les pratiques et les normes ne soit source de désillusion. Que cela finisse par le désabuser avec l'impression qu'il n'arrive à rien.

Dans les faits, le directeur est invité à adopter une posture très stratégique qui consiste à transformer les écarts internes à l'organisation en opportunités dynamiques. Cela suppose de considérer que la conflictualité des postures est une énergie constructive, que les distorsions ouvrent des espaces créatifs, que les désaccords créent les conditions de nouvelles convergences. Bref, cela suppose de considérer que la vie comporte toujours une part non maîtrisable, que c'est là qu'elle surgit et non dans le contrôle absolu de tout ou dans le fantasme de maîtrise. Cette affirmation a des conséquences tout à fait pratiques sur la manière dont un directeur peut se positionner dans son rôle : manière de contrôler, ampleur de la maîtrise des informations, aptitude à assumer les délégations confiées, périmètre de la confiance, etc.

Une observation attentive de la manière dont les organisations et leurs acteurs bricolent avec le rapport aux normes porte à une immense modestie. Parmi les normes qui structurent les institutions, la réelle influence des normes imposées par la chaîne de commandement est considérablement plus réduite que la représentation que s'en font les personnes.

En fait, le système normatif qui structure une organisation résulte de la combinaison de plusieurs dispositifs. Pour les établissements et services sociaux et médico-sociaux, les normes extérieures sont très prégnantes (lois, régimes administratifs pléthoriques, interaction avec les dispositifs d'intervention sociale…). S'ajoutent les us et coutumes locaux qui créent les normes internes de l'organisation (projet d'établissement, cadres internes de référence, cultures propres…). Selon d'autres registres, les questions économiques, sociales et éthiques croisent ces forces structurantes, les influencent et imposent leurs propres références, parfois parfaitement incompatibles, toujours en tension puisqu'il s'agit de logiques différentes.

Mais il est une norme spécifique qui émerge de cet imbroglio. Ce n'est pas, à la différence des autres, une norme qui s'impose par le dessus mais une norme qui surgit des pratiques, une norme qui provient de la manière dont les acteurs combinent, individuellement et collectivement leur rapport aux normes. De l'écart identifié ci-dessus entre les normes et les conduites naît une norme d'usage. Il s'agit d'une norme « bricolée » en ce sens qu'elle n'est pas formulée préalablement, tout au plus, peut-elle être décrite une fois qu'elle s'est imposée comme une bonne façon de procéder, reconnue par la majorité des acteurs. Certains sont tentés de désigner cette norme d'usage comme une coutume ou comme une culture locale. Il n'en est rien. Ce n'est pas une coutume en ce sens qu'elle n'hérite pas des pratiques ancestrales puisqu'elle s'alimente d'abord de l'actualité des pratiques à l'œuvre. Installée durablement, la norme d'usage peut cependant alimenter une coutume naissante, mais pas l'inverse. Ce n'est pas non plus une culture car elle n'en a pas toutes les dimensions. La norme d'usage est locale et limitée, circonscrite à des pratiques, à un moment donné et relativement provisoire. Elle peut tout au plus alimenter une culture globale de l'équipe.

Le directeur doit nécessairement prendre en compte cette dimension des normes d'usage qui subvertissent les normes qu'il cherche à imposer, qui font dévier l'axe d'évolution de l'institution. Ces normes d'usage ne sont pas un adversaire, bien au contraire. Parce qu'elles métabolisent les régimes normatifs et leurs incohérences, les normes d'usage contribuent à reconstruire des convergences dans les pratiques quotidiennes des acteurs. Parce qu'elles sont la manière dont les acteurs se débrouillent comme ils peuvent, les normes d'usage font avancer le système, y apportent leur soutien.

Parce qu'il prend les moyens de reconnaître et de valoriser cette pragmatique de terrain des acteurs, le directeur peut contribuer à faire émerger à partir des pratiques réelles une norme qui ne s'impose pas de l'extérieur mais qui se construit in vivo, au cœur du quotidien.

Au terme de ce chapitre, la fonction de direction dans sa dimension de pilotage de la logistique apparaît plutôt comme une capacité à faire émerger les compétences des acteurs (les normes d'usage) inscrits dans des logiques institutionnelles à dévoiler (politique/technique, fin/moyens, histoire/actualité) tout en considérant qu'il s'agit avant tout de champs de tensions.

# Chapitre 7

# Conduire un projet

Pourquoi le chapitre relatif au projet vient-il en fin d'ouvrage ? En effet, tout bon manuel de management, et particulièrement dans le champ de l'action sociale, place le projet en préalable des éléments composant la fonction de direction. Comment donc justifier ce choix d'avoir débuté cette réflexion sur le rôle de directeur par la mise en œuvre des politiques sociales et de ne voir la problématique du projet qu'en fin d'un parcours qui passait par les questions de positionnement stratégique, de management, de pilotage, de communication et de logistique ?

Deux raisons à cela :
- Tout d'abord, il semblait important de montrer que le positionnement éthique que requiert impérativement la fonction de directeur d'établissement ou de service social et médico-social est une posture en actes avant d'être déclarative. Or, l'entrée par le projet sert trop souvent de prétexte à circonscrire les engagements moraux à de grandes déclarations de principes ce qui évite la confrontation aux actes du quotidien. Pas question de se cacher derrière le projet pour simuler une posture éthique qui ne se concrétise qu'au travers des options techniques, des formes de management, des stratégies mises en place, de la mise en œuvre concrète des politiques sociales.
- Ensuite, cette précaution méthodologique étant posée, situer le projet en fin de parcours est une manière de placer « la cerise sur le gâteau ». Le projet devient alors le point ultime de synthèse de toutes les cohérences recherchées à travers les multiples facettes de la fonction de direction.

**Les trois fondements du projet**

Un projet d'établissement ou de service social et médico-social repose sur trois points d'appui qui font système entre eux : les valeurs, le cadre légal et les moyens. Il combine ces trois supports pour les rendre actifs chacun par les autres. Sans références théoriques, le projet n'existe pas, il n'est plus qu'un programme qui relie des moyens à un cadre d'action. Sans moyens, le projet n'est qu'une utopie, un rêve sans lieu pour se faire. Sans cadre légal, le projet est un fantasme livré à la toute-puissance de ses idéologues, toute puissance qui peut se trouver limitée par les moyens mais qui resterait hors la loi en l'absence de référence au cadre légal.

Les projets d'établissements ou de services peuvent facilement devenir, parfois à l'insu de leurs auteurs, des miroirs aux alouettes, des trompe-l'œil qui se fossilisent et n'agissent pas sur la vraie vie de l'organisation. De nombreuses institutions souffrent de ne pas avoir réalisé plus tôt que leur projet n'était qu'une coquille vide.

Les projets, très sommairement définis par le Code de l'Action Sociale et des Familles, tendent à énoncer de grandes valeurs (respect de la personne humaine dans toutes ses dimensions, adhésion aux droits de l'homme, humanisme, etc.) sans en décliner les conséquences opératoires. Quand on dit « valeurs » on ne dit rien de très précis. Pour être signifiante, la référence aux valeurs doit avoir une fonction clarifiante, voire discriminante. En effet, toutes les valeurs ne se valent pas. Plus celles-ci sont avancées dans des termes généraux – et non moins généreux – sans concrétisation, plus elles développent un consensus mou qui ne permet pas vraiment de discerner les prises de position qu'elles devraient dévoiler. Elles alimentent alors les quiproquos.

Par exemple, affirmer la prééminence de l'humain sur toute autre considération peut recouvrir indistinctement des positions libérales au plan de la gestion, des options comportementalistes dans les thérapies ou des visions autoritaristes de l'éducation. La référence à l'humain permet tout cela et son exact contraire !

C'est en affirmant leurs différences de valeurs que les organisations du social se légitimeront, pas en se noyant dans une uniformité de façade. Et la seule manière de positionner les différences de références et d'idéologies, c'est de décliner les options théoriques, les valeurs, dans des choix opérationnels. Le projet ne fait rien d'autre que mettre en lien des choix avec des modes opératoires, d'en construire la logique, d'expliciter.

C'est à ce prix que le recours aux valeurs sera discriminant et que chacun percevra que tout ne se vaut pas.

Le directeur participe à ces différenciations que met en valeur le projet quand il est explicitement formulé jusqu'à ses dimensions opérationnelles. Il est énoncé dans les référentiels des métiers de direction que le directeur est le pilote de l'élaboration et de la mise en œuvre du projet. Cela signifie donc que la fonction de direction est avant tout investie d'une mission de différenciation : différenciation des valeurs et des options théoriques d'abord qui se décline ensuite en différenciation des lieux, des espaces, des fonctions, des rôles, des temps, des plans d'action… La dimension créative de la fonction de direction, déployée à travers la construction du projet, est fondée sur cette capacité à différencier, à discerner, à séparer, à distinguer les choses.

Mais le projet ne se limite pas aux questions de valeurs, il les relie aux dimensions légales et logistiques. Le cadre légal est le point d'appui qui légitime le projet.

L'institution est transparente au droit, c'est un principe absolu pour toute institution qui évolue dans le cadre général d'un régime démocratique. La démocratie porte en elle l'idée qu'aucun espace de vie sociale n'échappe à la loi. Tous les rapports sociaux sont encadrés par des règles, c'est le seul moyen d'éviter la barbarie. Les établissements et services sociaux et médico-sociaux n'échappent pas à ce principe universel, ils ont l'obligation de respecter les lois de la République. Leurs projets doivent attester de cela en y faisant une référence explicite, argumentée et étayée.

Cela passe par la déclinaison des missions d'intérêt général et d'utilité sociale déléguées à l'établissement ou au service ainsi que par l'affirmation de grands principes du droit positif (dispositions du Code Civil essentiellement).

En portant le souci de développer la dimension légale qui étaye le projet, le directeur travaille sans cesse cette transparence nécessaire de l'organisation au droit.

Pour le directeur, la référence au droit présente un autre intérêt. C'est le moyen le plus sûr d'énoncer qu'il ne s'inscrit pas lui-même dans un pouvoir absolu. Son propre pouvoir sur l'institution qu'il dirige est limité par le cadre de droit dans lequel il se place. Autrement dit, le directeur n'est pas le seul maître à bord après Dieu ! C'est un atout majeur de la démocratie que de permettre, par la loi, de limiter l'inclinaison naturelle des individus à céder à leur désir de toute puissance. Or, dans les différentes espèces qui peuplent le genre humain, les directeurs sont une catégorie particulièrement exposée à cette inclinaison. Ceci explique l'insistance de cet ouvrage à référer les pratiques de management aux principes démocratiques...

Le dernier point du trépied du projet, ce sont les moyens, d'autres diraient le principe de réalité. Le projet ne fonctionne pas s'il ne dispose pas des supports qui lui permettent de se mettre en œuvre. Les moyens sont à entendre ici au sens le plus large de tous les leviers matériels et techniques qui concrétisent l'action.

Comme le cadre légal, les moyens servent à ramener le projet dans une certaine limite, à lui éviter l'inutile inflation de la démesure stérilisante.

Une opinion très populaire chez les directeurs les porte à croire que si les moyens n'étaient pas limités, leurs projets seraient beaucoup plus efficaces, plus forts. Il est à craindre qu'il ne s'agisse là que d'une croyance... Si cela était vrai, nombreux sont ceux qui auraient constaté que la qualité des prestations est exactement proportionnelle aux dotations budgétaires des établissements et services. Les écarts que révèlent les analyses financières ne vont pas dans ce sens. Il existe parfois une diffraction entre les moyens mobilisés et les effets produits. À missions égales, l'établissement qui procure les meilleures prestations n'est pas systématiquement celui qui coûte le plus cher. Certes, il faut se méfier des indicateurs tarifaires ou des ratios du genre « coût à la place ». Ces outils ne montrent qu'une partie de la réalité, réduisent les faits à des chiffres ce qui est trop simplificateur. Il existe des seuils en deçà desquels le projet ne peut plus vivre. Force est cependant de constater que la limitation des moyens n'est pas systématiquement une limitation des projets.

Ce qui contribue à l'ambition du projet, ce n'est pas l'absence de limite des moyens, c'est la bonne adéquation des moyens au cadre légal et aux valeurs défendues. S'il est inévitable que les moyens contraignent – comme le cadre légal – c'est la qualité de leur tricotage avec les deux autres dimensions du projet qui permet la bonne tenue de l'ensemble.

Cette interdépendance des éléments du projet avec les moyens relativise les revendications souvent entendues selon lesquelles l'action sociale ne devrait pas avoir de prix. Cette attitude irréaliste peut avoir pour effet de placer certains directeurs en porte à faux avec leur mission de gestionnaire. Il est en effet difficile d'assumer la fonction de gestion quand on est convaincu que la noblesse des ambitions portées par le projet ne devrait pas être réduite par une quelconque pénurie de moyens. Une activité sociale et sanitaire qui consomme 30% du Produit Intérieur Brut de la Nation mérite d'être interrogée. C'est, là encore, un principe démocratique qui permet la délibération sur les dépenses publiques assumées par l'impôt. Par contre, l'action sociale n'a pas de prix au sens que le « marché » donne à cette expression économique. En effet, le « prix » de l'action sociale est un coût imposé à la solidarité nationale, pas une tarification étalonnant des prestations de service dans un rapport entre offre et demande. De plus, ce coût ne relève pas d'une charge mais d'un investissement pour l'avenir sociétal.

Le point ultime de l'argumentation sur l'inconcevable pénurie des subsides alimente une polémique sur le thème de la réduction des moyens du social. Le social ne voit pas réduire ses moyens. La dépense publique ne parvient pas à satisfaire l'expansion de ses besoins. Ce n'est pas la même chose. Les dépenses d'action sociale sont prises dans un effet de ciseaux : d'une part les problèmes sociaux sont de plus en plus nombreux et complexes et leurs traitements de plus en plus coûteux parce que de plus en plus pointus techniquement et d'autre part, les ressources des collectivités publiques se réduisent dans un contexte de crise économique et de retrait de l'État de ses grandes missions régaliennes.

Dans ce contexte, le directeur rappelle le principe de réalité. Il s'approprie des analyses structurées de la situation qui complexifient les approches trop simples portées par l'opinion publique. Cette distance analytique facilite son positionnement sur des enjeux délicats parce que souvent synonymes de frustration.

Finalement, le projet sert à différencier par le truchement des valeurs, il est démocratique par sa porosité au cadre légal, il est structurant par sa référence assumée au principe de réalité que sont les moyens.

### La fonction « crisique » du projet

Contrairement à une idée reçue, le projet ne sécurise pas l'avenir, il le rend possible. En fait, le projet c'est tout sauf de la prévision. La prévision, c'est pourtant rassurant quand on pilote une institution. Il est important, du point de vue de la fonction de direction, de repérer que le projet est d'une autre nature.

C'est toute la différence qu'il y a entre le projet et le programme. C'est le programme qui est une tentative de maîtrise du futur. Il a pour ambition de tracer une ligne droite entre ici et là-bas, entre le présent et l'avenir. Le programme est utile, parfois nécessaire, quand il faut garantir que les choses soient faites comme prévu. À la différence du projet, le programme suppose l'absence de création, c'est la reproduction (d'un geste, d'un savoir, d'une action). À la limite, le programme peut apparaître comme le terme ultime d'un projet quand ce dernier a épuisé toute sa force créatrice et qu'il s'est totalement réalisé dans une mise en œuvre.

En fait, le projet est indissociable de la conduite du changement. C'est cela qui différencie projet et programme. Le projet suppose que quelque chose va se faire qui ne s'est jamais fait auparavant. Le projet est une invention, il comporte de l'inédit, de la créativité. C'est pour cela que le projet est convoqué comme un support essentiel de la fonction de direction. Il est le levier avec lequel le directeur va conduire le changement dans l'établissement ou le service.

Osons le terme, si le projet n'est pas un programme, c'est qu'il est habité d'une dimension subversive. Le projet est déviant, il refuse la reproduction, il « innove ». L'axe du projet dévie de la ligne droite de la conformité, il introduit l'historicité de l'institution. C'est l'existence du projet qui permet de jalonner le parcours institutionnel, de repérer qu'il y a un avant et un après. Le projet a une fonction spatiotemporelle qui structure l'organisation et la met en visibilité.

Le législateur ne s'y est pas trompé en ayant l'intelligence de faire du projet des établissements et services sociaux et médico-sociaux une denrée périssable. Désormais doté par la loi rénovant l'action sociale et médico-sociale (2002) d'une date de péremption, le projet doit être revu tous les cinq ans. Car un projet qui se fossilise ne remplit plus cette fonction subversive qui est son essence même.

En fait, tel qu'il est spécifiquement défini dans le champ de l'action sociale, le projet remplit une fonction crisique pour les organisations. Il a pour rôle premier de placer l'institution en situation de crise permanente. La crise est définie ici comme la phase de mutation qui sépare, pour tout organisme, deux situations d'équilibre.

À quelles conditions le directeur peut-il favoriser cette dynamique indocile ? Comment le projet peut-il être utilisé à cette fin ?

Le projet apparaît à la fois comme le vecteur du changement mais également comme le potentiel d'évolutivité et comme l'indicateur des mutations. Pour le directeur, il est donc le moyen de déclencher et de décrire le processus de pilotage du changement. Mais il utilisera également le projet pour prévenir de ses desseins, y réunir les intentions partagées de l'équipe, y tracer les jalons qui permettront de mesurer le chemin parcouru. Enfin, le projet est l'indicateur privilégié de l'évaluation. Évaluation et projet sont les deux faces indissociables de la conduite du changement. C'est au quotidien, plusieurs fois par jour, que la référence au projet permet au directeur de développer la dynamique du changement.

L'institution est travaillée, mise en mouvement par le projet. La démarche de projet devient ainsi un processus structurant de l'organisation qui domine tous les autres processus. La démarche projet transforme l'organisation en institution projet.

Une institution projet est une forme fluide d'organisation fortement évolutive fondée sur des stabilités provisoires. Il ne s'agit pas de prôner une conception liquide des organisations qui n'auraient plus ni forme ni contours mais de réfléchir aux formes les plus adaptées des institutions du travail social pour leur permettre de remplir les missions qui leur sont imparties. Dans un contexte d'échanges sociaux où ce sont les logiques de flux – non plus l'accumulation de biens solides et tangibles – qui déterminent la valeur, il n'est plus envisageable d'avoir des institutions rigides, établies une fois pour toutes dans leurs certitudes. Alors que le programme était adapté à des institutions basées sur le modèle de la forteresse dans un univers immuable, le projet est l'outil qui fait évoluer les organisations et les adapte à un contexte de plus en plus mouvant. Le projet est l'outil privilégié pour travailler la plasticité des organisations, des institutions.

Le directeur utilise le projet pour faire évoluer l'établissement ou le service social et médico-social et l'adapter aux enjeux de son contexte. Il s'efforce d'intégrer toujours plus le projet à la forme instituée jusqu'à parvenir à cette institution projet qui est une forme adaptable à toutes les aspérités du terrain où elle évolue. Le projet, dans ce contexte d'extrême souplesse des formes, participe de cet effort de fluidité tout en redéfinissant sans cesse les délimitations de l'institution. En ce sens, le projet est un cytoplasme pour l'organisation. Il en a la fonction de peau – contenant – et il en a la souplesse et la porosité – interface.

Le directeur d'une institution projet est un passeur. Il permet les échanges entre le dedans et le dehors, il fait transiter les échanges, il facilite les mutations et les évolutions. Il entraîne toujours plus loin son équipe. Il la fait passer de la rive des certitudes à celle des convictions, de la berge de l'immobilisme aux rapides du changement, de la sécurité du port à l'aventure du grand large.

**La fonction communicante du projet**

Le projet n'est pas simplement investi de la fonction fondatrice de l'organisation et de la visée du changement, il est aussi une instance de communication. Il a pour rôle de rendre visible, lisible et compréhensible l'établissement ou le service social et médico-social. Le projet fait repère. Il montre, démontre et facilite ainsi une compréhension de l'organisation en lui donnant sens. Le projet oriente, il est en lui-même une table d'orientation.

Le projet, parce qu'il communique, a une fonction mobilisatrice. Il permet de comprendre, c'est-à-dire, en insistant sur l'étymologie déjà citée de ce verbe, de « prendre ensemble ». Le projet manifeste la manière dont les acteurs institutionnels « prennent à bras le corps » le destin de l'institution.

Le projet, s'il est d'abord de la responsabilité du directeur, est loin d'être son affaire à lui seul. Il développe l'esprit d'équipe en permettant aux « compagnons » de s'approprier ensemble le travail. Là encore, l'étymologie éclaire, les compagnons ce sont ceux qui vont rompre le pain ensemble. Ce geste de partage offre une image riche au concept de projet. Cela a déjà été dit plus haut, le projet ne peut absolument pas être l'affaire d'un seul homme, il ne peut être confisqué par personne, il doit rester constamment en circulation dans l'espace institutionnel. Le directeur est avant tout responsable de cette circulation. La responsabilité ne donne aucun titre de propriété. La responsabilité partage avec le projet sa dimension fluide, elle ne se fixe pas, elle évolue.

Dans sa dimension de communication, le projet est investi de trois dimensions qui dessinent trois types de liens.

D'abord, le projet relie les acteurs entre eux. C'est l'idée de faire équipe autour d'un dessein commun. Cette notion d'équipe est à entendre dans une acception très large. Ce qui constitue l'équipe dans un établissement ou un service social et médico-social, c'est l'ensemble des parties prenantes. Il s'agit donc des représentants de l'organisme gestionnaire (les membres du conseil d'administration dans les établissements publics, les adhérents dans les associations) des professionnels (tous corps de métiers et tous niveaux hiérarchiques confondus) et enfin des usagers (les personnes accueillies et/ou accompagnées, les bénéficiaires, les parents des usagers, les familles et les aidants). Le projet fait lien entre tous, personne ne peut en être exclu, sinon, le projet, au lieu d'être la mise en circulation des énergies structurantes de l'organisation, s'instrumentalise dans la prise de pouvoir des uns sur les autres.

Ensuite, le projet relie les acteurs au projet. Dans sa première dimension de lien entre les acteurs, le projet constitue l'équipe. Dans cette seconde dimension de relier l'équipe au projet, il lui assigne la mission de marquer des buts. C'est ce lien entre chaque acteur et entre chaque collectif d'acteur avec l'objectif commun qui donne sens à l'équipe. Une bonne équipe est en effet une équipe qui sait où elle va. Le projet lui sert de boussole.

Enfin, le projet relie l'institution à son environnement. C'est là une dimension complémentaire et indispensable du projet car faire équipe et savoir où on va ne suffit pas, il faut encore faire cela en interaction avec le contexte de l'établissement ou du service social et médico-social. L'écueil du projet, sa limite, est d'isoler. Un excellent projet, dense, fédérateur et fortement finalisé peut créer une sorte de niche identitaire dans laquelle se réfugient les acteurs. Dans ce cas, le projet rate sa mission première, être l'interface entre l'interne et l'externe de l'institution. Le projet doit en effet situer l'organisation pour les autres, faire repère et permettre de repérer l'établissement ou le service sur son territoire, vis-à-vis des autres, dans le dispositif d'intervention sociale. Un des enjeux du projet, c'est qu'il permet d'avoir des supporters. Il sert à convaincre l'entourage de sa pertinence, il mobilise largement, au-delà des limites de l'institution.

**La fonction mobilisatrice du projet**

Le constat a été posé, le projet est une boussole. Il fait repère. Comme la boussole, il indique l'azimut, le point de fuite choisi pour évoluer et s'orienter. Il faut insister sur cette fonction mobilisatrice du projet car, tout compte fait, le projet partage avec le directeur qui l'anime, une forte affinité, une sorte de destin commun. L'un et l'autre doivent leur survie à leur capacité de mobiliser toutes les parties prenantes. En effet, un projet qui ne mobilise plus n'a plus de raison d'être, un directeur qui ne mobilise plus son équipe est en danger dans sa fonction. L'un et l'autre ont donc intérêt à s'allier, à se soutenir mutuellement pour réussir ce challenge de la mobilisation.

Le directeur sait montrer l'objectif sur la carte : il fixe le cap. Pour ce faire, il utilise le support du projet. C'est là qu'il formule, pour lui-même et pour les autres, par lui-même et avec l'ensemble de l'équipe, les orientations retenues. Il convient sans doute de préciser que le directeur ne décide jamais seul du but. C'est d'ailleurs là un rôle politique qui incombe prioritairement aux instances délibérantes de l'organisme gestionnaire de l'établissement ou du service. Le directeur ne détermine pas les orientations politiques, il en garantit la concrétisation. Les annonces de recrutement de directeurs, dans le secteur privé, utilisent fréquemment la même formule : « Il met en œuvre la politique associative déterminée par le conseil d'administration... »

Cependant, une interactivité forte manifeste la position du directeur dans l'organisation. Il se place à l'interface des administrateurs et de l'équipe. Il lui revient de mobiliser l'équipe pour mettre en œuvre la politique du conseil d'administration. Il lui revient également de mobiliser les décideurs de l'organisme gestionnaire pour qu'ils clarifient sans cesse leur projet, qu'ils précisent toujours les finalités, qu'ils remettent sur le métier les buts fixés. Le directeur mobilise d'un côté et de l'autre, fait lien, relie et, finalement, ne décide pas seul mais porte les décisions des autres, facilite les mises en œuvre.

Le directeur ne voit pourtant pas son rôle réduit à une fonction d'exécutant, sa fonction d'interface est une dimension éminemment politique dans l'organisation. Son effort constant de mettre le projet en cohérence entre toutes les composantes de l'établissement ou du service social ou médico-social lui confère un rôle déterminant dans la conduite du projet. Le directeur n'est pas le projet mais il le manifeste.

Ce rôle est d'autant plus déterminant qu'il n'existe pas de prédétermination de l'itinéraire de l'institution. Il n'y a pas de chemin tout tracé pour parvenir aux buts fixés. Le sentier est à ouvrir tous les jours, à inventer, à creuser parmi le dédale des imprévus.

La mission de mise en œuvre du projet est donc une fonction de création pure qui saura composer avec les aléas de la vie institutionnelle. Les directeurs expérimentés le savent. Il faut ici tenir compte de la plus ou moins grande vélocité de l'équipe, là prendre en considération les contradictions des logiques professionnelles en présence, ailleurs développer une stratégie pour convaincre les instances représentatives du personnel, sur tel dossier adapter le projet aux exigences des familles, pour tel autre composer avec les autorités de contrôle, dans une affaire rechercher l'alliance du conseil d'administration alors que dans une autre il n'hésitera pas à s'opposer à lui. Bref, le directeur, dans la mise en œuvre du projet, est sans cesse confronté à des choix tactiques, à recomposer son plan pour tenir compte des aspérités du terrain.

Cet aspect de la fonction de direction renforce encore plus, si besoin en était, le rôle de premier plan que tient le directeur dans la définition des modalités de mise en œuvre du projet, dans sa conduite et sa réalisation. S'il n'est pas le projet, il lui est indispensable... à quoi sert la route si la voiture n'a pas de conducteur ? Mais cette position subtile entre responsabilité et refus de s'approprier relève parfois d'un équilibre instable, difficile à tenir dans la durée.

Pour revenir sur les perspectives de management inspiré de principes démocratiques, le directeur n'est pas celui qui montre la voie, il est celui qui anime le débat sur les voies d'accès à la réalisation du projet.

# Chapitre 8

# Diriger de concert avec l'organisme gestionnaire

**Clarifier les délégations de responsabilités**

Selon la nature juridique de l'établissement ou du service qu'il dirige, public ou privé, le directeur ne jouit pas exactement des mêmes prérogatives.

Le directeur d'un établissement public voit ses délégations définies dans le Code de l'Action Sociale et des Familles. Ce dernier précise les compétences respectives du Conseil d'Administration et du Directeur. Le Conseil d'Administration adopte le projet, délibère sur les contrats et conventions, fixe le programme d'investissement et arrête le rapport d'activités. C'est lui qui vote le budget et ses éventuelles modifications, les comptes et l'affectation du résultat ainsi que toutes décisions impactant l'organisation ou l'activité de l'établissement. C'est également le Conseil d'Administration de l'établissement public qui délibère sur les tableaux du personnel, les coopérations, les affaires immobilières (aliénations, ventes…) et financières (emprunts, dons et legs…), le règlement de fonctionnement et, si besoin, les règles relatives au personnel. Pour sa part, le directeur d'un établissement public représente l'établissement en justice et dans tous les actes de la vie civile, prépare les travaux du Conseil d'Administration et lui soumet le projet d'établissement. Il exécute les décisions du Conseil. Le directeur a globalement compétence pour tout ce que la loi n'attribue pas explicitement au Conseil d'Administration. Il informe ce dernier de sa gestion et de la conduite générale de l'établissement. Il met en œuvre le projet et son évaluation, nomme le personnel et exerce son autorité sur lui. Il peut déléguer sa signature selon les limites décrétées et peut recevoir délégation pour assumer certaines compétences du Conseil d'Administration. À cette articulation des rôles entre le directeur et le Conseil d'Administration s'en ajoute une autre avec le comité technique d'établissement, présidé par le directeur et compétent pour donner un avis sur le projet d'établissement, les budgets, les créations ou transformations, l'organisation du travail, les règles, la formation, etc. On constate que dans les structures publiques, les attributions respectives sont assez précisément définies et configurent la forme et la nature des relations du directeur avec l'organisme gestionnaire.

Dans les établissements relevant du droit privé – nous nous intéressons ici aux établissements et services sociaux et médico-sociaux gérés par des associations – les prérogatives ne sont pas strictement définies (ce qui serait une ingérence dans la liberté d'organisation des associations).

Le décret relatif à la qualification des directeurs (codifié aux articles D.312-176-5 et suivants du CAFS), tend à corriger cette imprécision en rendant obligatoire la rédaction d'un « document unique de délégation » qui doit préciser la nature et l'étendue de la délégation, notamment en ce qui concerne la conduite de la définition et de la mise en œuvre du projet d'établissement ou de service, la gestion et l'animation des ressources humaines, la gestion budgétaire, financière et comptable et enfin, les coordinations avec les institutions et intervenants extérieurs.

Cette question des articulations de compétences entre directeur et organisme gestionnaire n'est pas récente. Déjà en 1975, une circulaire du 26 février, rédigée par le secrétaire d'État à la santé chargé de l'action sociale, René Lenoir, fixait plusieurs critères garantissant les prérogatives des directeurs d'établissements et services sociaux et médico-sociaux. Le directeur met en œuvre les actions, prononce les admissions et les sorties, dirige l'équipe, organise et coordonne les actions, programme et anime les réunions. Il doit en outre assurer les liaisons internes et externes et veiller à l'application des décisions. S'il est investi d'un pouvoir de décision, c'est « après consultation ». Le directeur organise également les relations avec les familles et doit les associer. Il respecte et fait respecter la discrétion, organise et supervise le travail des stagiaires, promeut et planifie la formation et, enfin, suscite et anime des recherches. Toutes ces compétences lui sont propres, ce qui a pour effet de délimiter en creux les prérogatives du Conseil d'Administration de l'association. C'est du moins dans cet objectif qu'a été rédigée cette circulaire qui entendait clarifier les rapports dans un contexte où se multipliaient les situations de conflit donnant lieu à de nombreux contentieux entre directeurs et conseils d'administration.

En effet, la clarification des compétences entre l'organisme gestionnaire et le directeur n'est pas toujours un long fleuve tranquille…

**Gérer la partition des rôles**

Toutefois, ce n'est pas en établissant une ligne de partage intangible que le problème sera réglé. C'est pourquoi il est question de « partition » des rôles et non de « répartition ». La notion de partition ose une référence à l'interprétation musicale. Les rôles entre directeur et administrateurs relèvent plus de la fluidité d'une portée de notes que d'un tableau à double entrée. Cette perspective fait écho à une réflexion précédente sur l'articulation des dimensions politique et technique, présentées comme étant consubstantielles. Dans ce contexte, impossible d'établir une répartition. Il semble plus fécond d'envisager les choses sous forme d'interactions. L'image de l'orchestre, pour éculée qu'elle soit, éclaire cependant cette manière dont s'articulent les rôles : l'important n'est pas de disposer de prérogatives fixées une fois pour toutes mais de jouer à l'unisson, dans le même tempo.

L'expérience de cette collaboration entre administrateurs et directeur met en valeur le fait que la répartition des rôles fluctue au gré des stratégies, des circonstances, des moments ou des buts à atteindre[5]. Dans telle situation, la mise en avant du Président est un atout, dans telle autre, ce sera plutôt le directeur qui s'exposera. Il ne s'agit pas d'un brouillage des rôles mais de stratégies adaptées aux circonstances qui génèrent une coopération particulière.

L'originalité de cette collaboration réside essentiellement, mais pas exclusivement, dans le tandem emblématique que forment le directeur et le président. Ce binôme présente des caractéristiques spécifiques qui configurent la coopération. Les statuts – salarié pour l'un, bénévole ou électif pour l'autre – différencient les places en articulant des investissements de nature différente sans toujours se limiter aux partages classiques, et trop simples, liés au militantisme ou à la technicité (voir infra). Les niveaux d'engagement de responsabilité ne sont pas de même nature et n'ont pas les mêmes conséquences, notamment en matière pénale, même si la jurisprudence atteste d'un grand nombre de condamnations solidaires de présidents avec leur directeur. Les volumes horaires ne sont pas, en principe, à parité ce qui différencie également la continuité d'intervention, la proximité des lieux d'action, la capacité de recul vis-à-vis des faits. La fonction distanciée du président peut être utile, voire indispensable, au directeur. Toutes ces différences, et bien d'autres, configurent un « attelage » très particulier qui engage une coresponsabilité différenciée entre le directeur et « son » président ou, selon le point d'observation, entre le président et « son » directeur…

À titre de boutade, il est habituel de dire qu'il existe deux catégories d'associations, celles où le directeur voit passer les présidents et celles où le président voit passer les directeurs. Cette remarque introduit la notion fondamentale du pouvoir, de son organisation et de sa circulation qui conditionne le fonctionnement de la relation entre directeur et président. Selon la ligne théorique défendue à travers les pages qui précèdent, le constat s'impose que le pouvoir est d'autant mieux régulé que le projet fédère les énergies et finalise les ambitions personnelles. Cette affirmation

---

5. Ce paragraphe s'inspire plus particulièrement de la situation spécifique des associations d'action sociale.

n'est empreinte d'aucun angélisme. Il n'est pas dit que la puissance mobilisatrice du projet annule les velléités de pouvoir. Le pouvoir circule constamment au cœur des rapports humains qui sont, avant tout des rapports sociaux. La tentation de dominer l'autre est un élément indissociable de l'agressivité humaine qui est inhérente à l'élan vital. Ce qui est dit, par contre, c'est que ces forces, pas toujours harmonieuses, peuvent se combiner positivement quand les parties prenantes ont défini le plus clairement possible le sens commun de leur investissement. Ces forces ne deviennent violence que quand la direction à prendre n'est plus délibérée parce qu'alors, il est laissé libre cours à la toute-puissance individuelle. S'ouvrent alors comme perspectives de (sur)vie la prise de pouvoir par la manipulation ou le putsch, irrémédiables régressions vers la barbarie de rapports sociaux non régulés par le bien commun.

La manière dont le directeur d'une part et le président d'autre part habitent leurs fonctions est un élément déterminant de la régulation de leurs rapports. Une brève typologie[6] des postures possibles peut être esquissée :
1. La fonction est principalement investie sous l'angle de la notabilité. Ce qui compte alors, c'est le statut social personnel que le président ou le directeur va tirer de son rôle ;
2. La fonction est essentiellement envisagée selon une perspective militante. La priorité est alors d'utiliser la position au profit d'une ambition d'ordre idéologique, certains diraient d'une utopie.

De manière simple, chacun peut comprendre les conflits possibles selon les positions occupées respectivement par le directeur et le président :
- S'ils se placent tous les deux en 1 (position notable), ils peuvent se trouver en concurrence sur le terrain de la

---

6. D'autres typologies plus complètes existent qui permettent de mieux repérer les disparités de places, conflits de position, concurrences d'intérêts ou perturbations des attentes de rôles entre directeur et président en se référant aux conceptions des organisations ou aux représentations à l'œuvre de l'intervention qui ne sont pas exposées ici.

reconnaissance sociale ce qui peut générer des surenchères entre eux ;
- S'ils se placent tous les deux en 2 (position militante), il faut qu'un accord fort mette en congruence leurs visées pour éviter un conflit de nature idéologique ;
- Si le président se place en 1 (notable) et le directeur en 2 (militant), le risque est alors de vivre une rupture de sens, de nature paradoxale, entre la dimension politique qui devrait être logiquement portée par le président mais non investie en tant que telle et la dimension technique logiquement portée par le directeur qui se trouve, dans ce cas, plus fortement politisée que l'instance politique…
- Si le président se place en 2 (militant). Et le directeur en 1 (notable), l'établissement ou le service social et médico-social est menacé d'une discontinuité entre le projet politique de l'organisme gestionnaire et la mise en œuvre technique de l'équipe professionnelle.

Cette analyse pourrait être approfondie mais ce n'est pas l'objet. Il s'agit simplement de montrer que les positionnements respectifs du directeur et du président (positionnements qui pourraient être étendus aux cadres et aux administrateurs) conditionnent la plus ou moins grande cohérence interne de l'organisation.

Une des difficultés du modèle associatif tient au fait que ses formes organisationnelles classiques ne permettent pas de réguler les rapports de technicité et de pouvoir entre le directeur et le président. Il existe une rupture entre la ligne politique (assemblée générale, conseil d'administration, bureau) et la ligne opérationnelle (conseil ou comité de direction, instances des cadres, groupes techniques, etc.). Cette séparation des attributions politiques et techniques entretient un clivage qui délimite les prérogatives du président et du directeur au lieu de les articuler. L'organisation des instances associatives hérite de cette dissociation du technique et du politique et renvoie dos à dos les compétences. Il semble important de réfléchir aujourd'hui à d'autres modalités d'organisation qui réarticulent les compétences et les prérogatives pour les placer en complémentarité là où les représentations traditionnelles les opposent. Certaines associations font expérience en ce sens. Des groupes de travail – aux dénominations diverses et plus ou moins heureuses quand elles empruntent au langage des sociétés cotées en bourse – réunissent des administrateurs et le staff dirigeant pour travailler de concert la mise en œuvre opérationnelle des orientations politiques validées par les instances de gouvernance de l'association. Ces initiatives gagneraient à être mieux reconnues et identifiées comme le moyen de repenser les places et les rôles dans les associations d'action sociale.

Les conséquences vertueuses de cette recherche de nouveaux leviers pour repenser la dirigeance et la gouvernance des associations d'action sociale se situent à plusieurs niveaux :
- Elles facilitent le positionnement respectif du président et du directeur en évitant de les renvoyer à une problématique personnelle mais en ouvrant à une dimension collective la manière dont l'un et l'autre doivent tenir leur place.
- Elles « dépersonnalisent » l'exercice des fonctions en replaçant chacun dans des collectifs de travail collaboratif qui protègent d'une appropriation individuelle des rôles.
- Elles fluidifient les positions en les référant sans cesse au projet porté par l'association et aux fonctions soutenues par les instances ce qui évite la fossilisation des places.

Faciliter le positionnement de chacun en évitant la personnalisation des fonctions et développer leur évolutivité en lien avec des projets peuvent représenter les trois piliers d'une articulation constructive des rôles entre le directeur et le président.

### Professionnel et militant

Un clivage, très présent dans les représentations, alimente les querelles récurrentes entre directeur et président : la distinction entre professionnel et militant. Cette distinction est une erreur. Elle laisse entendre qu'il est impossible d'être professionnel – et donc, dans la plupart des cas en action sociale, d'être salarié – et militant. De plus, elle peut faire croire que tous les non-professionnels qui s'investissent dans une activité à vocation sociale sont, inéluctablement, des militants.

La réalité est un peu plus complexe. Il existe des salariés militants comme il existe des adhérents associatifs non-militants, il en est de même pour le statut de fonctionnaire et celui d'élu amené à participer à l'administration d'un établissement public. La ligne de partage ne peut être tracée de manière indiscutable.

De plus, la dimension militante demanderait à être éclairée. Qu'est-ce qu'être militant en action sociale ? Est-ce inscrire son action – fut-elle professionnelle et salariée – au service d'une cause ? Dans ce cas, la cause défendue relève-t-elle d'une simple dimension citoyenne de solidarité ou fait-elle référence à la dimension politique d'une contribution au projet de société, ou encore se situe-t-elle explicitement dans des visées politiciennes de prise du pouvoir au bénéfice d'une idéologie ?

Si militer c'est être acteur d'une conception républicaine de la solidarité, alors, l'immense majorité des travailleurs sociaux, des adhérents des associations d'action sociale et des administrateurs d'établissements publics sont des militants. Chacun se situe comme citoyen au service d'un principe fondamental de la construction d'une société plus juste. La distinction des places et des rôles provient du statut – salarié ou bénévole – et de la compétence – professionnel ou amateur – mais s'articule autour de ce dessein commun de justice et d'égalité. C'est sans doute dans cette dimension que réside la signification essentielle de la « fraternité ».

Si militer c'est, en plus, entendre contribuer à la délibération collective d'un projet de « vivre ensemble », alors apparaît une nouvelle distinction des places et des rôles, qui mobilise la signification que chacun attache à son action. Œuvrer à la « fraternité » implique une dimension supplémentaire qui requiert une analyse politique des situations, une capacité critique à l'égard des dispositifs sociaux d'intervention. Le but n'est plus alors seulement d'agir mais d'interroger la signification de l'action et ses effets sur le projet sociétal. La distinction ne s'établit plus selon le statut ou la compétence mais selon l'investissement de sens placé dans l'action. Ce niveau de différenciation des positions introduit d'importantes nuances entre le « degré de militantisme » des adhérents et administrateurs entre eux, de même pour les salariés.

Si militer c'est, in fine, œuvrer à un changement de société selon des visées politiciennes, il paraît plus délicat d'associer les professionnels à de telles ambitions. En effet, s'il est essentiel que professionnels et adhérents ou administrateurs prennent conscience de participer « au » politique par leur action, il est plus hasardeux de situer leur intervention dans « la » politique, cette dernière étant ici liée aux logiques d'exercice du pouvoir démocratique.

Cette distinction à interroger entre professionnel et militant configure fortement la nature et la forme des relations entre le directeur et l'organisme gestionnaire. Le directeur a tout intérêt à clarifier ces notions pour lui-même et à permettre aux instances délibérantes de son organisme employeur de les clarifier collectivement.

Toute ambigüité sur les motivations des uns et des autres, toute approximation sur les représentations à l'œuvre, entraînent des quiproquos qui peuvent sérieusement compliquer les relations et générer des conflits. Un des points de fixation de ces conflits potentiels est prioritairement situé au sein du « couple » président/directeur.

Enfin, il faut ajouter que tout ne se joue pas, ni se réduit, au « tandem » président/directeur. L'organisation doit chercher à éviter ce goulet d'étranglement qui ferait passer le lien politique/technique par les deux seules personnes du président et du directeur. Des liens pluriels doivent être développés qui permettent de multiplier les contacts entre cadres dirigeants et administrateurs (par exemple par le système d'administrateurs délégués sur des activités précises) mais aussi entre administrateurs et équipes (par exemple sous forme de groupe thématiques) et enfin entre administrateurs et usagers (le Conseil de Vie Sociale étant un de ces moyens).

## Quand l'association gestionnaire est dotée d'une direction générale

Les items traités ci-dessus valent essentiellement dans les associations où le directeur est directement en relation avec le conseil d'administration. Les choses peuvent se présenter un peu différemment lorsqu'existe une direction générale. Dans ce cas, le directeur général est présenté comme assumant une fonction d'interface entre les directions d'établissements et/ou de services et les administrateurs. Les stratégies relationnelles décrites entre le directeur et le président se déportent alors entre le directeur et le directeur général.

Il est cependant intéressant d'analyser la manière dont s'exerce la fonction de directeur dans une association dotée d'une direction générale. Quels sont les effets de ce mode d'organisation sur les prérogatives du directeur d'établissement ou de service ? L'analyse peut, dans le cadre restreint de cet ouvrage, se limiter à trois plans : les marges d'autonomie, les délégations de responsabilités, la dimension politique de la fonction de direction.

Un premier plan concerne les marges d'autonomie. Les chapitres précédents ont suffisamment insisté sur la nécessité pour le directeur, de disposer de marges d'autonomie suffisantes pour qu'il n'en soit pas à nouveau question ici. Une représentation classique du management tend à faire croire que plus l'organisation dispose de niveaux hiérarchiques, moins les strates inférieures jouissent d'autonomie dans leurs actes. Cette vision essentiellement marquée par une certaine conception de l'organisation administrative n'a plus court aujourd'hui dans la majeure partie des entreprises. Il n'existe pas de lien de cause à effet entre le nombre d'échelons d'un organigramme et l'autonomie des acteurs. Ce qui est déterminant, c'est la conception du management qui est à l'œuvre. Peut-être la tendance actuelle, serait-elle à une forme plus concentrée des lieux de décision et de contrôle. C'est ce qui explique la disparition progressive des postes de directeurs sur les établissements remplacés par des fonctions moins identifiées de cadres intermédiaires (directeurs adjoints ou chefs de service). À la

limite, s'il ne s'agissait que d'un changement de dénomination, cela ne changerait rien. Cette tendance s'accompagne d'une réduction des délégations sur ces postes et, par conséquence, d'une concentration des responsabilités sur un noyau de plus en plus réduit de cadres dirigeants. Il n'est pas neutre de transformer les fonctions d'encadrement intermédiaire en tâches de transmission des consignes auprès des équipes. Ce mouvement a pour conséquences :
- D'éloigner un peu plus les lieux de décision des lieux de l'action. C'est le mouvement inverse du principe de subsidiarité évoqué plus haut. Or, plus la décision est prise à distance du terrain où elle produira des effets, plus elle risque d'être inadaptée aux besoins réels.
- De dépersonnaliser les rapports hiérarchiques. C'est le mouvement inverse de la reconnaissance qui est un principe essentiel de la mobilisation des acteurs de terrain. Or, moins les acteurs sont en relation avec ceux qui décident de l'action, plus l'incompréhension s'installe et brouille les repères.
- De réduire la marge d'autonomie des acteurs de terrain. C'est le mouvement inverse de la décentralisation qui est au cœur du management participatif. Or, moins l'acteur de terrain a de marges de manœuvres, moins il est créatif, moins il est en mesure de s'adapter aux situations.

Un second plan concerne les délégations de responsabilités. Le principe qui sous-tend les conceptions du management exposées dans ce livre est que la responsabilité croît au fur et à mesure qu'elle est partagée. La responsabilité n'est pas un ensemble fini et circonscrit qui se réduit par répartition mais une dynamique qui se développe par délégation. Réduire les prérogatives des niveaux hiérarchiques intermédiaires d'une organisation revient à gérer les problématiques de responsabilité selon une logique sécuritaire : moins on en donne plus on sécurise l'organisation. Cette conception de la délégation est erronée. La sécurité d'une organisation tient à la mobilisation des personnes qui la servent, pas à leur contrôle soupçonneux. L'existence d'une structure centrale organisée dans un siège sous l'autorité d'un directeur général ne doit pas porter atteinte à ce principe de délégation. Cela suppose que la direction générale soit particulièrement vigilante à ne pas porter atteinte aux délégations et à l'investissement responsable qu'elles conditionnent. L'enjeu est d'éviter le cercle vicieux d'un mythique équilibre à trouver entre la sécurisation de l'organisation et l'autonomie des directeurs dans l'exercice de leurs responsabilités. L'objectif est de développer le cercle vertueux de la mobilisation de cadres de direction reconnus dans leurs fonctions, jouissant des marges d'autonomie suffisantes et confortés par une véritable délégation de responsabilités.

Un troisième plan concerne la dimension politique de la fonction de direction. L'ajout de strates hiérarchiques entre le directeur et le conseil d'administration ne doit pas affadir la dimension politique inhérente à la fonction de direction d'un établissement ou service social ou médico-social. L'organisation, dans sa conception même, doit porter cette orientation de travail à tous les niveaux. Le concept d'acteur social ne peut être réservé à un ou deux niveaux de l'organisation. Il doit se déployer dans toutes les sphères d'action. C'est la capacité du directeur général à investir ses cadres de direction de cette fonction politique qui conditionne la capacité globale de l'organisation à assumer son rôle d'acteur politique au travers de la vie et du fonctionnement de ses établissements et services. Un continuum doit prévaloir qui garantit à tous les échelons la capacité à être de véritables acteurs du projet collectif.

Finalement, l'existence d'une direction générale au-dessus de la fonction de direction ne devrait rien retirer aux prérogatives du directeur d'établissement ou service social et médico-social. Cette strate organisationnelle, à condition qu'elle serve à garantir les prérogatives, peut représenter une plus-value qui ajoute une dimension stratégique et politique en appui aux fonctions de direction de terrain.

# Conclusion

**Pour une culture de la conflictualité**

Tout au long des pages précédentes émerge l'idée que la fonction de direction d'un établissement ou service social ou médico-social est tout sauf un long fleuve tranquille. Ceux qui s'imaginaient trouver dans ce livre les recettes pour un exercice apaisé du métier ont sans doute déjà abandonné leur lecture devant tant de complexité. C'est donc à ceux qui ont poursuivi, percevant l'intérêt d'une fonction engageante et mobilisatrice, que s'adresse cette conclusion.

Diriger une intervention sociale est un acte avant tout marqué par la complexité du réel (politiques publiques, dimension territoriale des actions, logiques de réseaux qui s'entrecroisent sur fond de contractualisation) qui convoque les registres éthiques, stratégiques, techniques et politiques, voire tactiques. La cohérence indispensable entre toutes ces dimensions ne s'achète pas au prix d'un « consensus mou » mais se conquiert en assumant la conflictualité inhérente à la fonction de direction.

La conflictualité n'est pas la violence, ni le conflit, encore moins la guerre. La conflictualité, c'est l'art de tenir en tension les contradictions du système pour utiliser positivement l'énergie qui s'en dégage. Une culture de la conflictualité serait cette disposition à assumer un réel disparate, pétri d'illogismes et marqué par des discontinuités de tous ordres. Capacité à saisir les opportunités offertes par une matière brute chaotique et hasardeuse. En fait, la culture de la conflictualité s'appuie sur la perte de l'illusion de toute puissance qui fait croire que tout peut être maîtrisé dans une harmonie parfaite. Elle fait son affaire de combiner avec les secousses et les incohérences, les oppositions et les résistances. Mieux encore, la culture de la conflictualité aide à comprendre qu'il est impossible de faire sans ces contradictions. Elle rompt définitivement avec le fantasme d'un paradis sur terre où tout serait cohérent. Ce paradis-là serait un lieu mortifère.

Manager une organisation d'action sociale suppose d'assumer la posture éminemment conflictuelle de la fonction d'autorité. Référée à quelques grands principes démocratiques, cette posture ne développe pas le consensus mais recherche des compromis. La conflictualité des intérêts ne s'évanouit pas dans des prises de pouvoir mais les fait se frotter entre eux pour produire du sens. Le compromis n'est pas un abandon, qui est la seule issue possible du conflit, mais le renoncement responsable à une partie de ses intérêts au service d'un projet commun.

Un management participatif qui repose sur des délégations claires est un management immergé dans la culture de la conflictualité. Gérer du personnel, encadrer, diriger, développer des compétences, adapter des technicités aux besoins requièrent une capacité d'analyse pour mesurer l'efficience des actions, leur pertinence, mais aussi une capacité prospective. Ces fonctions peuvent être d'autant plus faciles à tenir qu'elles assument le fait de déplaire, de refuser, de dire non, d'affirmer des positions et des principes, tous ces ingrédients qui développent positivement une culture de la conflictualité.

Communiquer, du point de vue de la fonction de direction, n'est pas un acte de manipulation mais de mobilisation. La capacité du directeur à développer de la visibilité, à favoriser de la lisibilité et à faciliter de la compréhension de l'établissement ou du service qu'il dirige est avant tout fondée sur sa détermination à exprimer un point de vue qui bouscule les idées toutes faites, une opinion qui ne se contente pas d'aller dans le sens des évidences, une conviction qui peut heurter les autres. Sortir de dessous le boisseau pour faire reconnaître ce qui est fait induit une certaine forme de conflictualité.

Le chapitre relatif au pilotage de la logistique a montré le rapport inductif qui se joue en technique et politique, le rapport transductif qui organise la fin et les moyens, et enfin, le rapport dialectique qui oppose la norme et les usages. Ces différents niveaux de rapport qui structurent l'organisation montrent combien est éloignée de cette réalité l'illusion consensuelle. C'est la différenciation des places, des rôles, des fonctions, des missions, des registres et des postures qui donne sens à un établissement ou service social ou médico-social. Le magma informel du semblable et de l'identique ne porte en lui aucune fécondité.

Conduire un projet d'intervention sociale est un acte contre-nature puisqu'il s'oppose à l'entropie naturelle des institutions. Le projet est investi d'une « fonction crisique » qui est la condition même de l'innovation. C'est en refusant la simple reproduction que le directeur pilote le changement par un management par projets. C'est en déviant de l'axe confortable et rassurant du programme que le directeur mobilise son équipe. Ce ne sont pas là des stratégies de facilité mais l'exigence fructueuse d'une conflictualité assumée.

**Pour une culture de réseaux**

Cette culture de la conflictualité doit se métisser avec une autre culture génétiquement très proche, la culture de réseaux. Parce que le directeur ne peut rien seul et que ce principe vaut également pour l'institution qu'il dirige.

Ingénieur d'un projet, auteur et acteur, le directeur occupe une position d'expert. Mais cette position, il ne peut l'occuper seul. À l'interne de son organisation, il se tient en étroite interaction avec son conseil d'administration et les professionnels de son équipe. Mais c'est surtout par les liens qu'il construit autour de l'établissement ou du service que le directeur conforte son expertise. La logique de réseaux apparaît de plus en plus comme une condition de survie des établissements et services sociaux et médico-sociaux. C'est sans doute aussi une condition de survie pour la fonction de direction.

Assurer la conduite d'un dispositif d'intervention sociale ou médico-sociale représente le cœur de la mission du directeur. La question du sens n'est pas donnée une fois pour toute et de l'extérieur, elle se construit dans les méandres des réseaux de signifiants qui structurent l'action. Elle se construit aussi par les réseaux d'acteurs qui réalisent le projet. Elle se construit enfin grâce aux réseaux sociaux qui acculturent l'institution.

Personne ne peut assumer seul le discernement qui permet le choix. Encore moins le directeur. La faculté de choisir repose sur la capacité à s'inscrire dans des réseaux qui vont aider le directeur à construire les analyses indispensables à la fonction de discernement : hiérarchiser les valeurs, définir des priorités, décider d'une stratégie…

C'en est fini du temps des grands leaders charismatiques qui ont guidé les premiers pas de l'institutionnalisation du travail social. L'heure n'est plus à ces pionniers qui prenaient des risques pour mettre en place des réponses inédites aux problèmes sociaux. Aujourd'hui, le directeur ne se distingue plus par sa hauteur de vue mais par sa capacité à donner vie à un projet et à mobiliser une équipe, non plus autour de lui mais dans le sens donné par le projet. Cette capacité d'animation ne fait pas appel à un charisme inné du directeur mais à une aptitude à donner de l'âme à l'organisation en faisant appel au collectif.

Enfin, le directeur est un coordinateur, au cœur même des logiques de réseaux. Il fait lien, il crée du lien, il tisse des liens, toutes actions au service de ce qui relie les uns aux autres dans le souci de collectiviser l'action, d'empêcher sa confiscation par un groupe d'intérêt.

Culture de la conflictualité et culture du réseau sont peut-être les deux points d'appui les plus incontournables d'une fonction de direction fortement référée aux principes éthiques exposés dans cet ouvrage.

# Postface

**A quel titre ?**

Rédiger une postface : à quel « titre », de quel droit, prendre la plume à la suite d'un auteur, Roland Janvier, qui nous invite si bien à la rencontre de « mots repères » qui aident à réfléchir à l'exercice d'une fonction complexe à la croisée des valeurs, des Politiques Publiques, de l'humain, de l'économie, de la gestion, des questions de stratégie : approche dialectique entre démarche individuelle et projection collective qui est une des caractéristiques de l'éthique.

A quel titre et de quel droit donc rajouter quelque chose ? Peut-être pour deux raisons :

La première, pour le plaisir de prolonger l'échange ; l'écrit prolongeant l'oral des rencontres de bistrots, de métros, de couloirs de journées d'études, de repas, indiquant que ces lieux intermédiaires et de transition structurent la pensée et aident à orienter l'action. Lieux ayant le plaisir pour moteur et qu'il faut (soit dit en passant) absolument préserver dans les organisations de travail (essayez de faire rouler une voiture sans amortisseurs ou de mener une partie de sport sans temps de liaison...) : Il faut du jeu !

De ce point de vue, la postface prolonge la question de l'éthique : d'une éthique de convictions vers une éthique de délibération et, ici, une éthique de voisinage (au sens définit par Max Weber, comme supposant la réciprocité des échanges). Cette éthique de voisinage me semble être bien présente dans l'ouvrage de Roland Janvier.

La seconde raison se trouve du côté des places et fonctions que j'ai occupées ou que j'occupe. Je suis actuellement directeur d'association, professionnel ayant été formé et ayant accédé à des qualifications.

Je me suis ensuite engagé dans des formations ou des enseignements complémentaires, dans des échanges, des rencontres contribuant à faire évoluer ou à approfondir mes pratiques de direction et mes compétences.

Depuis une quinzaine d'années, je suis formateur de cadres et de directeurs.

Enfin, dans des fonctions nationales au sein d'unions ou mouvements associatifs, j'ai tenté de faciliter la transformation d'énergies individuelles en constructions collectives, ce qui n'est par « un long fleuve tranquille ».

Je veux dire par là que le fait d'être tour à tour à des places différentes vis-à-vis de la même question permet d'approcher celle-ci dans sa complexité et en restant attentif à ceux qui occupent ces différentes places. Cela relève d'une dynamique qui me semble être proposée dans l'ouvrage : dans un cadre donné, chacun fait avancer les autres. Ou bien, derrière la capacité de faire un « pas de côté » (chère à Roland Janvier), c'est celle de ne pas se confondre avec sa fonction (condition de l'humour selon W. Allen).

Voilà donc pourquoi j'ai accepté de me lancer dans cette postface.

**Un livre d'« utilité sociale »**

« Diriger ; c'est du jeu ? » me semble salutaire et courageux dans le contexte actuel.

Qu'est-ce à dire courageux ? Courageux au sens d'Aristote : c'est-à-dire ni peureux ni téméraire, mais invitant à des postures tirant vers le haut, vers l'articulation de l'individuel et du collectif, vers une éthique au sens de « philosophie de l'action ».

Pourquoi d'« utilité sociale » ? Parce que nous sommes dans un contexte où les repères traditionnels ne tiennent plus et où des valeurs à l'œuvre ne coïncident pas forcément avec celles jusque-là portées par une majorité d'institutions sociales.

Ainsi, le livre d'Alain Supiot : « L'esprit de Philadelphie » insiste sur les moteurs actuels de notre société : individualisme, performance, urgence, risque zéro, hyper maîtrise, nous éloignent des concepts structurants du « vivre (et travailler) ensemble[7] », tels que le traité de Philadelphie les a définis en 1945 : dignité, culture, histoire, mémoire, transmission.

De leur côté, des auteurs comme François Dubet[8] et Jean-Pierre Lebrun[9] expliquent bien que les légitimités traditionnelles s'effondrent, qu'elles n'existent plus « de fait », au détriment de places toujours provisoires, sans cesse remises en cause. Tout se discute et se négocie à l'aune de droits individuels juxtaposés dans des procédures envahissantes.

A partir de ces constats, le livre de Roland Janvier propose des repères : l'engagement, la dialectique individu et collectif, le « pouvoir de » et non le « pouvoir sur », l'historicité et la prospective, la création comme œuvre collective, l'interdépendance « finalités, objectifs, moyens », l'institution apprenante, etc., avec une gestion intelligente de la conflictualité comme moteur (à différencier des rapports de force et de la violence), dans un système de construction démocratique où le directeur ne serait plus « celui qui montre la voie mais celui qui anime le débat sur les voies d'accès à la réalisation du projet ». Chemin intelligent dans une période qui a perdu ses certitudes « allant de soi » et qui se dirige vers une autre logique croisant les dimensions horizontales et verticales, de délibération et de décision, individuelles et collectives : chemin à inventer sur un socle de valeurs

---

7. Alain Supiot, *L'esprit de Philadelphie, La justice sociale face au marché total*, Paris, Le Seuil, 2010.
8. François Dubet, *Le déclin de l'institution*, Paris, Le Seuil, 2002.
9 ; Jean-Pierre Lebrun, *La perversion ordinaire, Vivre ensemble sans autrui*, Paris, Denoël, 2007.

démocratiques. En ce sens, cultures de la conflictualité et du réseau constituent bien deux points d'appui essentiels pour les directeurs, impliquant l'individu et le collectif dans une dialectique propre à l'éthique.

**Pour prolonger l'échange, une question : Quid de l'individu dans l'organisation démocratique ?**

La première pensée qui m'est venue consisterait à dire : une construction démocratique est essentielle, mais la direction doit également être « incarnée ». Sans doute, mais à la réflexion, cela voudrait dire que l'ancien modèle « patriarcal », sécurisant, manque et était pertinent du simple fait de cette incarnation. Or, comme l'indique Jean Lavoué dans un article[10], ce serait confondre le fait d'une pertinence par nature avec le fait que ce modèle relevait d'une culture particulière.

Par contre, la question reste de savoir si un nouveau modèle pourrait reposer uniquement sur le fait de la capacité pour des groupes humains de fonctionner avec des règles fixées par eux-mêmes, y compris de places différenciées. Or, comme le souligne Roland Janvier, « le fonctionnement démocratique d'une organisation suppose un pouvoir central fort » évitant de « courir le risque de toutes les dérives » ; rappelant, peut-être par-là, que les relations humaines sont également faites de rapport de domination et de demande de sécurité. Il y aurait alors un risque pour la démocratie à fonctionner « à l'évidence » pour des acteurs qui n'auraient connu que ce système. Il me semble qu'il est possible d'explorer cette nouvelle voie (après les figures patriarcales) à partir des travaux de Blaise Ollivier dans son ouvrage « L'acteur et le sujet » et en analysant l'importance des fonctions symboliques et du tiers dans les constructions institutionnelles (notion complémentaire des « organisations »).

---

10. Jean Lavoué. *Cf.* Revue CONNEXIONS N°94, *Crise du collectif et Intervention*, n° 94 2010/2 : « La ressource des organisations de l'économie sociale et solidaire face à la crise du lien social », Erès, 2011.

Blaise Ollivier prône la valorisation de l'acteur dans toute situation de production, ainsi que la prise en compte des dimensions intersubjectives de toute organisation humaine comme de tout projet.

Pour prendre en compte les possibles relations de domination et la force des collectifs contre les objectifs d'une institution où même contre des personnes, il s'agit, pour le directeur, de faire la relation entre ce qui est fondamental en lui et sa manière de décider : « Etre soi-même dans le système ». Comme le signifie Blaise Ollivier « prendre appui sur lui-même, trouver une assise personnelle suffisante pour, peu à peu, en trouver d'autres : professionnelles et institutionnelles[11] ».

Renaud Sainsaulieu synthétise cette dialectique de l'acteur et du sujet de la façon suivante : « C'est en articulant davantage d'écoute et de reconnaissance des projets personnels qui créent le sujet en l'acteur, avec davantage d'expression sur les problèmes spécifiques de développement des divers mondes sociaux d'entreprise, que s'amorcera une dynamique vers plus de démocratie en entreprise ».

Cela implique également une prise en compte du sujet derrière la fonction de directeur : en effet, il ne s'agit pas de savoir seulement intellectuellement les démarches à opérer, il faut être en capacité de les « habiter ».

Ces auteurs qui travaillent l'articulation des questions de démocratie, d'acteurs et de sujets, ou de l'institution et du tiers sont à la croisée de savoirs diversifiés : sociologie, éducation, anthropologie, psychanalyse, etc. Cela me paraît essentiel dans les métiers de direction et relève des cultures croisées qui permettent de se sortir des modèles dominants et stérilisants ou des devoirs rigides d'obéissance.

---

11. Blaise Ollivier, *L'acteur et le sujet, Vers un nouvel acteur économique*, Paris, Desclée de Brouwer, 1995.

**Qu'est-ce que cela implique pour la formation des directeurs ?**

Qu'est-ce que cela implique pour la formation des directeurs (et comment le travailler) ? Pour ce faire, Dominique Dray (anthropologue et psychanalyste) appelle à une « compétence à connaître », une vision sociétale, une approche des savoirs cliniques, au-delà des capacités à gérer : autant de contributions à la culture professionnelle et institutionnelle.

Il me semble, sans vouloir être exhaustif, que l'on peut être attentif aux questions suivantes :

.1. Tout d'abord la prise en considération du sujet dans l'action (un cadre peut comprendre intellectuellement l'intérêt de... mais ne pas pouvoir se l'approprier). Comme le souligne Blaise Ollivier : « Un directeur ne peut accompagner une équipe à la responsabilité que si lui-même a expérimenté l'espace de liberté de sa mission et qu'il n'a pas peur de développer l'autonomie de ses collaborateurs[12] ». Ce que confirme Jacques Le Goff.[13] : « Une politique échoue autant par une erreur sur l'homme que par une erreur de stratégie ».

.2. Le travail de la question du pouvoir au sens de : ni en avoir besoin, ni en avoir peur (différence entre « avoir le pouvoir » et « l'exercer »).

.3. La question du doute, très justement avancée par Roland Janvier. Le doute comme moteur mais n'empêchant jamais l'action.

.4. Le triptyque délibération, décision, évaluation (délibération collective, décision à partir de places légitimes et évaluation collective).

---

12. Blaise Ollivier, Op. Cit.
13 Jacques Le Goff, *Face à l'évènement, 25 ans de chroniques Ouest France*, Rennes, Apogée, 2002.

.5. Le côté nécessaire mais non suffisant des outils comme le souligne Marie-Hélène Bouvry (une amie et formatrice d'exception), un outil est fondamental, mais il y a plusieurs façons de s'en servir, avec des effets différents :
Exemple avec le marteau :
- On peut l'utiliser avec un ciseau pour sculpter.
- On peut enfoncer un clou.
- On peut se taper sur les doigts.
- On peut taper sur les autres.

.6. La question des références théoriques (croisées) à utiliser comme tiers et non comme dogmes défensifs.

.7. La question de la formation à la fonction de direction ; équation à une inconnue : le sujet qui occupe la fonction. Les formateurs tiennent un discours, les personnes en formation le traduisent de mille manières personnelles !

**Est-ce que l'éthique s'enseigne ?**

L'éthique ne s'enseigne probablement pas. Elle se dessine dans l'action réflexive. La première précaution à prendre serait de bien dessiner les frontières avec ce qui relève de la morale.

Il s'agira ensuite, de mener un travail de réflexion sur les questions de subjectivité et d'intersubjectivité à l'œuvre invitant à placer les personnes en formation dans des positions d'évaluation collective des actions et de prise en compte des points de vue des différentes parties prenantes : nous retrouvons le triptyque délibération, décision, évaluation.

Enfin, il sera utile de favoriser les travaux de groupe et de changements de rôles, pour que les directeurs en formation se confrontent à la subjectivité de ce travail et à la responsabilité individuelle et de groupe.

De la même façon, les travaux collectifs (écrits et surtout oraux) permettent d'approcher la complexité des rapports spontanés de rôles et leur nécessaire régulation dans une dialectique « individuel – collectif ».

Cette démarche est importante, tant au niveau de l'interne d'une institution qu'à l'externe (partenaires, collectivités, financeurs), dans des territoires pertinents. Elle contribue à la cohérence des « postures » avec les parties prenantes : posture « habitée » sans laquelle la question stratégique sonne creux.

En guise de perspective, au-delà des repères structurants et salutaires de Roland Janvier, dans un contexte où l'on cherche de nouveaux systèmes :
- Diriger n'est bien sûr pas jouer, jouet, joué ! Tout à fait d'accord Mais dans toute organisation (institution ?) il faut un cadre, du « jeu » et du « je ». Il faut donc garantir les « entre deux », les espaces, les interstices ; et en être à l'écoute dans une sorte de fonction de transformateur d'énergies au service d'un projet énoncé.
- Et... pour se reposer (absolument nécessaire pour penser et agir), réfléchissons à six outils pour le directeur[14] : La marche, la sieste, la rêverie, la poésie, le voyage et le silence, utiles pour une éthique en tant que philosophie de l'action. Ainsi, comme pour le jeu, on est aussi du côté du plaisir.

**Patrick Martin,**

Directeur d'association, formateur
et « animateur » d'unions et de mouvements associatifs.

---

14. Extrait *de la* revue *MANAGEMENT Sanitaire et Social*, n° 6 juillet 2001.

# Bibliographie

**Avertissement**

La bibliographie qui suit est construite de manière didactique. En effet, le choix a été fait de n'apporter aucune citation ou référence dans le corps de l'ouvrage. Cependant, nombre de lectures ont inspiré les concepts exposés. Cette bibliographie est donc une invitation à poursuivre le chemin de la réflexion en rejoignant quelques-uns des auteurs qui ont inspiré les lignes qui précèdent.

Le lecteur ne trouvera pas toujours un lien direct entre les chapitres et les livres cités. Il s'agit plutôt de références citées en écho, en rebond, parfois en contrepoint. La trame de la bibliographie reprend les titres des chapitres pour permettre de se situer, de repérer les ouvrages qui, à un moment ou à un autre, parfois de manière incidente, traitent de l'un ou l'autre aspect abordé dans le chapitre.

Dans ce jeu de piste, le lecteur trouvera, en toute subjectivité, le moyen d'approfondir les pistes ouvertes.

## Introduction

JANVIER Roland & MATHO Yves, *Figures du directeur et enjeux de la fonction*, in EMPAN, n° 61, *Management et idéologie managériale*, Mars 2006, ARSEA, Erès.

## Chapitre 1 : Diriger une intervention sociale

### Diriger dans un contexte de complexité : une question éthique

Conseil Supérieur du Travail Social. *Ethique des pratiques sociales et déontologie des travailleurs sociaux*, Rennes, Presses de l'EHESP, 2001.
AMISTANI Carole, SCHALLER Jean-Jacques (sous la direction de). *Accompagner la personne gravement handicapée*. Toulouse, Erès, 2008.
BOUQUET Brigitte. *Ethique et travail social, une recherche de sens*. Paris, Dunod, 2003.
BOUQUET Brigitte, « De l'éthique du dirigeant », in *Manuel de direction en action sociale et médico-sociale*, Francis Batifoulier (sous la direction de), Paris, Dunod, 2011.
FIAT Eric, « Les enjeux éthiques de la décision », in *Manuel de direction en action sociale et médico-sociale*, Francis Batifoulier (sous la direction de), Paris, Dunod, 2011.
JANVIER Roland, *Ethique de direction en institution sociale et médico-sociale*, Paris, ESF, 2011.

### Mettre en œuvre des politiques publiques : une question stratégique

BAUDURET Jean-François & JAEGER Marcel. *Rénover l'action sociale et médico-sociale, histoires d'une refondation*. Paris, Dunod, 2002.
CHAUVIERE Michel, *Trop de gestion tue le social, essai sur une discrète chalendisation*. Paris, La Découverte, 2010.
MULLER Pierre, *Les politiques publiques*. Paris, PUF, 1994.

LAFORE Robert, « L'association, simple opérateur des pouvoirs publics ? », in *Manuel de direction en action sociale et médico-sociale, Francis Batifoulier* (sous la direction de), Paris, Dunod, 2011.
SAVIGNAT Pierre. *L'action sociale a-t-elle encore un avenir ?* Paris, Dunod, 2012.
TOURAINE Alain, *Un nouveau paradigme, pour comprendre le monde d'aujourd'hui.* Paris, Fayard, 2005.

**Développer une action territoriale : une question technique**

DELORY-MOMBERGER Christine. *Le sujet dans la cité, insertion et territoires solidaires*, Nantes, Pleins Feux, 2009.
ION Jacques, *Le travail social à l'épreuve du territoire*, Paris, Dunod, 2000.

**Assumer l'historicité de l'institution : une question de mémoire**

DUBET François, *Le déclin des institutions.* Paris, Le Seuil, 2002.

**Piloter des logiques de réseaux : une question politique**

AUTES Michel. *Les paradoxes du travail soc*ial. Paris, Dunod, 2004.
LAFORE Robert (sous la direction de). *Faire société, les associations de solidarité par temps de crise*, Paris, Dunod, 2010.

**Animer la contractualisation : une question tactique**

PRIOU Johan, *Les nouveaux enjeux des politiques d'action sociale et médico-sociale, projet de vie et participation sociale.* Paris, Dunod, 2007.
JULLIEN François, *Traité de l'efficacité*, Paris, Grasset, 1996.

# Chapitre 2 : Tenir une position d'expert

**Le directeur est un ingénieur**

DUCALET Philippe et LAFORCADE Michel, *Penser la qualité dans les institutions sanitaires et sociales, sens, enjeux et méthode*, Paris, Séli-Arslan, 2008.
LEFEVRE Patrick, *Guide du métier de directeur en action sociale et médico-sociale*, Paris, Dunod, 2011.
LEFEVRE Patrick (sous la direction de), *Guide du management stratégique des organisations sociales et médico-sociales*, Paris, Dunod, 2006.

**Le directeur est un auteur**

BATIFOULIER Francis, « Le directeur et la question clinique : De la clinique institutionnelle à l'institution suffisamment bonne », in *Manuel de direction en action sociale et médico-sociale,* Francis Batifoulier (sous la direction de), Paris, Dunod, 2011.
LEBRUN Jean-Pierre (et un groupe de directeurs). *Y-a-t-il un directeur dans l'institution ?* Rennes, Presses de l'EHESP, 2009.
LEBRUN Jean-Pierre, *Clinique de l'institution, ce que peut la psychanalyse pour la vie collective*, Ramonville St Agne, Erès, 2008.

**Le directeur est un acteur**

HUMBERT Chantal, sous la direction de. *Institutions et organisations de l'action sociale. Crises, changements, innovations ?* Paris, L'Harmattan, 2003.
MISPELBLOM BEYER Frédérik, *Au-delà de la qualité, démarches qualité, conditions de travail et politiques du bonheur.* Paris, Syros, $2^{ème}$ édition, 1999.

# Chapitre 3 : Manager une organisation d'action sociale

## La fonction d'autorité : une question de dirigeance et de gouvernance

BATIFOULIER Francis & NOBLE François, *Fonction de direction et gouvernance dans les associations d'action sociale.* Paris, Dunod, 2005.
DUBREUIL Bertrand, « L'autorité du directeur », in *Manuel de direction en action sociale et médico-sociale,* Francis Batifoulier (sous la direction de), Paris, Dunod, 2011.
LHUILLIER Jean-Marc, *Le droit des usagers dans les établissements et services sociaux et médico-sociaux.* Rennes, Editions ENSP, 2004.

## La délégation : une question démocratique

GACOIN Daniel, « Formes organisationnelles nouvelles, transformation des modes de direction », in *Manuel de direction en action sociale et médico-sociale,* Francis Batifoulier (sous la direction de), Paris, Dunod, 2011.
HABERMAS Jürgen, *De l'éthique de la discussion*, Paris, Flammarion, 1992.
HAERINGER Joseph (sous la direction de). *La démocratie, un enjeu pour les associations d'action sociale*, Paris, Desclée De Brower, 2008.
HAERINGER Joseph, « De la démocratie associative, La dimension institutionnelle des organisations associatives », in *Manuel de direction en action sociale et médico-sociale,* Francis Batifoulier (sous la direction de), Paris, Dunod, 2011.
HUMBERT Chantal, sous la direction de. *Les usagers de l'action sociale, sujets, clients, bénéficiaires ?* Paris, L'Harmattan, 2000.
UNIOPSS. « Les droits des usagers dans les établissements et services d'action sociale ». Paris, *Les cahiers de l'Uniopss*, n° 18, mai 2006

**La gestion des personnels : une question d'efficience**

LEFEVRE Patrick, *Guide de la fonction directeur d'établissements dans les organisations sociales et médico-sociales, Responsabilités et compétences - Environnement et projet - Stratégies et outil.* Paris, Dunod, 2003.
CROZIER Michel, FRIEDBERG Erhard, *L'acteur et le système*. Paris, Le Seuil, 1992 (1977).

**La gestion des emplois : une question de prospective**

LEFEVRE Patrick (sous la direction de), *Guide du management stratégique des organisations sociales et médico-sociales*, Paris Dunod, 2006.

**La gestion des compétences : une question de pertinence**

DUBREUIL Bertrand, *Le travail de directeur d'établissement social ou médico-social,* Paris, Dunod, 2004.
LEVY Pierre, *Les technologies de l'intelligence, l'avenir de la pensée à l'ère informatique.* Paris, La Découverte, 1990.
TRONCHE Didier, « Enjeux d'avenir pour le secteur social et médico-social : Formation, qualification... questions autour des compétences », in *Manuel de direction en action sociale et médico-sociale,* Francis Batifoulier (sous la direction de), Paris, Dunod, 2011.

# Chapitre 4 : Assurer la conduite d'un dispositif

**Finaliser : une question de sens**

VOGT Christian, *Grammaire des institutions*. Rennes, Editions ENSP, 1998.

DARTIGUENAVE Jean-Yves & GARNIER Jean-François (sous la direction de), *Travail social, la reconquête d'un sens*, Paris, L'Harmattan, 1998.
EHRENBERG Alain, *La fatigue d'être soi, dépression et société*, Paris, Odile Jacob, 2000.

**Choisir : une question de discernement**

MOREL Christian, *Les décisions absurdes*, Paris, Gallimard, 2002.

**Animer : une question d'âme**

JANVIER Roland & MATHO Yves, *Comprendre la participation des usagers dans les organisations sociales et médico-sociales*, Paris, Dunod, 2011.
ATD Quart-Monde. *Le croisement des savoirs, quand le Quart Monde et l'Université pensent ensemble*. Paris, Editions de l'Atelier/Editions ouvrières/Editions Quart-Monde, 1999.
ATD Quart-Monde. *Le croisement des pratiques, quand le Quart Monde et les professionnels pensent ensemble*. Paris, Editions Quart-Monde, 2002.
Conseil Supérieur du Travail Social (CSTS), *L'usager au centre du travail social*. Rennes, Editions ENSP, 2007.

**Coordonner : une question de lien**

GACOIN Daniel, *Communiquer dans les organisations sociales et médico-sociales, Enjeux, stratégies, méthodes*, Paris, Dunod, 2004.
ELIAS Norbert, *La société des individus*, Paris, Fayard, 1991.

**Prévenir : une question d'assurance**

CASTEL Robert, *L'insécurité sociale, qu'est-ce qu'être protégé ?*, Paris, La république des idées, Paris, Le Seuil, 2003.

BOUAL Jean-Claude & BRACHET Philippe (sous la direction de), *Evaluation et démocratie participative*. Paris, L'Harmattan, 2004.
JANVIER Roland, *Conduire l'amélioration de la qualité en action sociale, communiquer, manager, organiser, agir*, Paris, Dunod, 2009.

## Chapitre 5 : Communiquer

### Activer des dispositifs d'information et de communication

MEYER Vincent, *Interventions sociales, communication et médias : l'émergence du sociomédiatique*. Paris, L'Harmattan, 2004.

### Agir la communication médiatique

MEYER Vincent. *Communication organisationnelle et prise en charge du handicap mental*. Bordeaux, Les Etudes Hospitalières Editions, 2006.

### Développer de la visibilité

EHRENBERG Alain. *La société du malaise*, Paris, Odile Jacob, 2010.
LOUBAT Jean-René, *Promouvoir la relation de service en action sociale et médico-sociale*, Paris, Dunod, 2007.

### Favoriser de la lisibilité

Groupe de recherche action-formation Quart Monde Partenaire, *Le croisement des pratiques, quand le quart monde et les professionnels se forment ensemble*, Paris, éditions Quart-Monde, 2002.

**Faciliter de la compréhension**

BARREYRE Jean-Yves et BOUQUET Brigitte. *Nouveau dictionnaire critique de l'action sociale*. Paris, Bayard, 2006.
MIRAMON Jean-Marie, COUET Denis, PATURET Jean-Bernard, *Le métier de directeur, Techniques et fictions*, Rennes, Presses de l'EHESP, 2005.

## Chapitre 6 : Piloter la logistique

### La technique et le politique : un rapport inductif

KARSZ Saül, *Pourquoi le travail social ?*, Paris, Dunod, 2004.
CHOPART Jean-Noël (sous la direction de), *Les mutations du travail social*. Paris, Dunod, 2000.
GOFFI Jean-Yves, *La philosophie de la technique*. Paris, PUF, 2$^{ème}$ édition, 1996.

### La fin et les moyens : un rapport transductif

CHAUVIERE Michel, *Le travail social dans l'action publique, sociologie d'une qualification controversée*. Paris, Dunod, 2004.
AUTES Michel, *Les paradoxes du travail social*, Paris, Dunod, 2004.

### Les normes et les usages : un rapport dialectique

BERNOUX Jean-François, *Mettre en œuvre le développement social territorial, Méthodologie, outils, pratiques*, Paris, Dunod, 2005.
SCHALLER Jean-Jacques (sous la direction de), *Accompagner la personne en difficulté, politiques sociales et stratégies de direction*, Paris, Dunod, 1999.

# Chapitre 7 : Conduire un projet

### Les trois fondements du projet

BOUTINET Jean-Pierre, *Anthropologie du projet*. Paris, PUF, 2004.
LAVOUE Jean (sous la direction de), *Souffrances familiales, souffrances sociales*, Paris, L'Harmattan, 2004.

### La fonction « crisique » du projet

CAUQUIL Guy et les consultants du Cabinet CIRESE, *Conduire et évaluer les politiques sociales territorialisées*, Paris, Dunod, 2004.
ESPRIT (revue), *A quoi sert le travail social ?* Mars-Avril 1998, n° 241.
SAVIGNAT Pierre, *Evaluer les établissements et les services sociaux et médico-sociaux*, Paris, Dunod, 2009.
SAVIGNAT Pierre, *Conduire l'évaluation externe dans les établissements sociaux et médico-sociaux*, Paris, Dunod, 2010.

### La fonction communicante du projet

BERNOUX Jean-François, *L'évaluation participative au service du développement social*, Paris, Dunod, 2004.
FUSTIER Paul, Le Lien d'accompagnement, Don et contrat dans les institutions sociales, éducatives et psychiatriques, Paris, Dunod, 2004.
WOLTON Dominique, *Penser la communication*, Paris, Flammarion, 1997.

### La fonction mobilisatrice du projet

LE MOIGNE Jean-Louis. *Les épistémologies constructivistes*. Paris : PUF, 1995.

DRAPERI Jean-François, *L'économie sociale, utopies, pratiques, principes*, Montreuil, Presses de l'économie sociale, 2009.

## Chapitre 8 : Diriger de concert avec l'organisme gestionnaire

### Clarifier la délégation de responsabilité

HAERINGER Joseph & TRAVERSAZ Fabrice (sous la direction de), *Conduire le changement dans les associations d'action sociale et médico-sociale*, Paris, Dunod, 2002.

### Gérer la partition des rôles

AFCHAIN Jean. *Les associations d'action sociale*. Paris, Dunod, 2001.
LHUILLIER Jean-Marc, *La responsabilité civile, administrative et pénale dans les établissements et services sociaux et médico-sociaux*, Rennes, Presses de l'EHESP, 2006.

### Professionnels et militants

MIRAMON Jean-Marie, COUET Denis & PATURET Jean-Bernard, *Le métier de directeur, Techniques et fiction*, Rennes, éditions ENSP, 2002.
MISPELBLOM Frederik, *Encadrer, un métier impossible ?*, Paris, Armand Colin, 2006.

**Quand l'association gestionnaire est dotée d'une direction générale**

http://www.gnda.fr/ - voir notamment sur ce site (rubrique « textes de référence ») :
- Charte (2000)
- L'homme au centre de tout projet (1995)
- L'association au cœur d'un système complexe (1998)
- La fonction de Directeur Général (1995)
- Repères éthiques pour la fonction de directeur général (2011)

---

# Conclusion

**Pour une culture de la conflictualité**

JANVIER Roland & MAHO Yves, « Professionnels et usagers : un conflit fécond à gérer » in HUMBERT Chantal (sous la direction de), *Institutions et organisation de l'action sociale*, Crises, changements, innovations ?, Paris, L'Harmattan, 2003.

**Pour une culture du réseau**

JAEGER Marcel (ouvrage coordonné par), *Diriger un établissement ou un service en action sociale et médico-sociale*, Paris, Dunod, 2005.

# Table des matières

PRÉAMBULE .................................................................................. 7
INTRODUCTION ........................................................................... 9
   « C'EST PAS DU JEU ! » ............................................................... 9
   « JOUER », « JOUÉ » OU « JOUET » ? ..................................... 10
   IMPOSSIBLE DE SE DÉROBER ! ................................................. 12
   VOUS AVEZ DIT COMPÉTENCES… .......................................... 14

**CHAPITRE 1 : CONDUIRE UNE INTERVENTION SOCIALE .... 21**
   DIRIGER DANS UN CONTEXTE DE COMPLEXITÉ : UNE QUESTION ÉTHIQUE
   ............................................................................................... 21
   METTRE EN ŒUVRE DES POLITIQUES PUBLIQUES : UNE QUESTION STRATÉGIQUE ............................................................................ 28
   DÉVELOPPER UNE ACTION TERRITORIALE : UNE QUESTION TECHNIQUE
   ............................................................................................... 33
   ASSUMER L'HISTORICITÉ DE L'INSTITUTION : UNE QUESTION DE MÉMOIRE ................................................................................. 37
   PILOTER DES LOGIQUES DE RÉSEAUX : UNE QUESTION POLITIQUE ........ 41
   ANIMER LA CONTRACTUALISATION : UNE QUESTION TACTIQUE ........... 46

**CHAPITRE 2 : TENIR UNE POSITION D'EXPERT ..................... 53**
   LE DIRECTEUR EST UN INGÉNIEUR ........................................... 53
   LE DIRECTEUR EST UN AUTEUR ................................................ 58
   LE DIRECTEUR EST UN ACTEUR ................................................ 62

**CHAPITRE 3 : MANAGER UNE ORGANISATION D'ACTION SOCIALE ....................................................................................... 69**
   LA FONCTION D'AUTORITÉ : UNE QUESTION DE DIRIGEANCE ET DE GOUVERNANCE ........................................................................ 69
   LA DÉLÉGATION : UNE QUESTION DÉMOCRATIQUE ............... 75
   LA GESTION DES PERSONNELS : UNE QUESTION D'EFFICIENCE ............ 81
   LA GESTION DES EMPLOIS : UNE QUESTION DE PROSPECTIVE ............. 86
   LA GESTION DES COMPÉTENCES : UNE QUESTION DE PERTINENCE ....... 93

## CHAPITRE 4 : ASSURER LA CONDUITE D'UN DISPOSITIF ... 97
FINALISER : UNE QUESTION DE SENS ..................................................97
CHOISIR : UNE QUESTION DE DISCERNEMENT ................................102
ANIMER : UNE QUESTION D'ÂME ....................................................104
COORDONNER : UNE QUESTION DE LIEN .........................................108
PRÉVENIR : UNE QUESTION D'ASSURANCE ......................................112

## CHAPITRE 5 : COMMUNIQUER ............................................... 119
ACTIVER DES DISPOSITIFS D'INFORMATION ET DE COMMUNICATION .119
AGIR LA COMMUNICATION MÉDIATIQUE ..........................................123
DÉVELOPPER DE LA VISIBILITÉ.........................................................127
FAVORISER DE LA LISIBILITÉ............................................................131
FACILITER DE LA COMPRÉHENSION ..................................................134

## CHAPITRE 6 : PILOTER LA LOGISTIQUE ............................... 137
LA TECHNIQUE ET LE POLITIQUE : UN RAPPORT INDUCTIF ..................137
LA FIN ET LES MOYENS : UN RAPPORT TRANSDUCTIF .......................140
LES NORMES ET LES USAGES : UN RAPPORT DIALECTIQUE..................143

## CHAPITRE 7 : CONDUIRE UN PROJET...................................... 149
LES TROIS FONDEMENTS DU PROJET ................................................150
LA FONCTION « CRISIQUE » DU PROJET ............................................154
LA FONCTION COMMUNICANTE DU PROJET ......................................157
LA FONCTION MOBILISATRICE DU PROJET ........................................159

## CHAPITRE 8 : DIRIGER DE CONCERT AVEC L'ORGANISME GESTIONNAIRE ................................................................................ 163
CLARIFIER LES DÉLÉGATIONS DE RESPONSABILITÉS .........................163
GÉRER LA PARTITION DES RÔLES .....................................................165
PROFESSIONNEL ET MILITANT ..........................................................169
QUAND L'ASSOCIATION GESTIONNAIRE EST DOTÉE D'UNE DIRECTION GÉNÉRALE .......................................................................................172

## CONCLUSION .................................................................................. 175
POUR UNE CULTURE DE LA CONFLICTUALITÉ ...................................175
POUR UNE CULTURE DE RÉSEAUX ....................................................177

**POSTFACE** ............................................................................................ 179
   A QUEL TITRE ? ....................................................................... 179
   UN LIVRE D'« UTILITÉ SOCIALE » ............................................ 180
   POUR PROLONGER L'ÉCHANGE, UNE QUESTION : QUID DE L'INDIVIDU
   DANS L'ORGANISATION DÉMOCRATIQUE ? ................................ 182
   QU'EST-CE QUE CELA IMPLIQUE POUR LA FORMATION DES
   DIRECTEURS ? ........................................................................ 184
   EST-CE QUE L'ÉTHIQUE S'ENSEIGNE ? ..................................... 185

**BIBLIOGRAPHIE** ................................................................................ 187

**L'HARMATTAN, ITALIA**
Via Degli Artisti 15; 10124 Torino

**L'HARMATTAN HONGRIE**
Könyvesbolt ; Kossuth L. u. 14-16
1053 Budapest

**ESPACE L'HARMATTAN KINSHASA**
Faculté des Sciences sociales,
politiques et administratives
BP243, KIN XI
Université de Kinshasa

**L'HARMATTAN CONGO**
67, av. E. P. Lumumba
Bât. – Congo Pharmacie (Bib. Nat.)
BP2874 Brazzaville
harmattan.congo@yahoo.fr

**L'HARMATTAN GUINÉE**
Almamya Rue KA 028, en face du restaurant Le Cèdre
OKB agency BP 3470 Conakry
(00224) 60 20 85 08
harmattanguinee@yahoo.fr

**L'HARMATTAN CAMEROUN**
BP 11486
Face à la SNI, immeuble Don Bosco
Yaoundé
(00237) 99 76 61 66
harmattancam@yahoo.fr

**L'HARMATTAN CÔTE D'IVOIRE**
Résidence Karl / cité des arts
Abidjan-Cocody 03 BP 1588 Abidjan 03
(00225) 05 77 87 31
etien_nda@yahoo.fr

**L'HARMATTAN MAURITANIE**
Espace El Kettab du livre francophone
N° 472 avenue du Palais des Congrès
BP 316 Nouakchott
(00222) 63 25 980

**L'HARMATTAN SÉNÉGAL**
« Villa Rose », rue de Diourbel X G, Point E
BP 45034 Dakar FANN
(00221) 33 825 98 58 / 77 242 25 08
senharmattan@gmail.com

**L'HARMATTAN TOGO**
1771, Bd du 13 janvier
BP 414 Lomé
Tél : 00 228 2201792
gerry@taama.net

657226 - Juin 2016
Achevé d'imprimer par